HISTOIRE
DES
PENSÉES
DE
PASCAL
(1656-1952)

LOUIS LAFUMA

HISTOIRE DES PENSÉES DE PASCAL

(1656-1952)

ÉDITIONS DU LUXEMBOURG
PARIS
DIFFUSION : A. G. NIZET
3 bis, Place de la Sorbonne, V^e

AVANT-PROPOS

(La. 276.) — « Rien ne nous plaît que le combat, mais non pas la victoire...
On aime à voir dans les disputes, le combat des opinions; mais de contempler la vérité, point du tout; pour la faire remarquer avec plaisir, il faut la faire voir naître de la dispute...
Nous ne cherchons jamais les choses, mais la recherche des choses. »

Ces réflexions de Pascal se présentent inévitablement à notre esprit, lorsque nous examinons les réactions suscitées par nos études.

Nous avons été en effet quelque peu surpris de constater le silence qui a suivi la démonstration que nous avons faite, en 1949, à propos du *Discours sur les passions de l'amour*. Nous avions très simplement exposé les raisons qui nous amenaient à affirmer que ce *Discours* n'était pas et ne pouvait pas être de Pascal.

Or, depuis cette date, cet opuscule n'a plus été réédité [1], alors qu'auparavant il ne se passait pas d'année sans qu'un éditeur se crût obligé de le présenter à nouveau au public.

Est-ce que désormais la dispute, qui durait depuis cent ans, aurait cessé faute de combattants, ou bien serait-ce parce que, sur ce point précis, la vérité aurait été *trouvée?* Nous nous permettons de poser la question.

Il n'en a pas été tout à fait de même à propos de nos études sur les *Pensées*.

Le premier effet de surprise passé, des réactions très diverses se sont produites. Nous croyons qu'il est utile d'analyser certaines d'entre elles, qui précisent les points sensibles que nous avons touchés.

Parce que nos constatations laissaient entendre que désormais toutes les éditions des *Pensées* antérieures à 1948 (sauf celles de G. Michaut et de Z. Tourneur) ne présentaient plus qu'un intérêt documentaire sur l'état d'esprit régnant à l'époque de leur parution, des objections d'inégales valeurs ont été faites.

...Ce serait trop beau, a-t-on dit, si nous avions retrouvé un classement de ses papiers, fait par Pascal lui-même.

Pourquoi trop beau? Ne serait-il pas plus étonnant qu'il n'ait rien classé? a-t-il montré dans ses divers écrits qu'il était un esprit désordonné?

Alors d'imaginer que le classement de la *Copie* pourrait bien être l'œuvre d'un de ses familiers. Ce familier aurait pu l'entreprendre après sa mort.

Mais on oublie de nous dire pourquoi ce classement n'est pas plus complet et pourquoi Etienne Périer a trouvé tant de bouts de papier dans la chambre de son oncle.

...Ensuite on veut difficilement admettre que Pascal ait interrompu son classement en raison de son état de santé. Pour un peu on nous laisserait entendre qu'un classement de notes est un délassement tout indiqué pour un malade.

Nous avons malheureusement très souvent entendu parler d'intellectuels qui, du jour au lendemain, se sont vus contraints d'interrompre toute activité, au point de ne pouvoir ni lire ni écrire. Pendant plus d'un an Pascal s'est trouvé dans cet état.

...On nous dit : à supposer que le classement enregistré par la *Copie* soit de Pascal, rien ne nous prouve qu'il l'aurait respecté dans l'*Apologie* définitive. Sans doute, mais nous estimons que si ce classement n'est pas son classement définitif, il l'est devenu du fait de sa mort. Nous préférons ce qui est à ce qui aurait pu être. Ce qui aurait pu être restera toujours du domaine de l'imagination, « cette maîtresse d'erreur et de fausseté ».

...On nous dit encore : vous retenez de la préface de *l'édition de Port-Royal* ce qui convient aux thèses que vous soutenez et vous rejetez ce qui leur est contraire.

En fait nous rejetons ce que l'examen des documents nous oblige à rejeter.

E. Périer nous assure que son oncle prenait ses notes sur de petits bouts de papier et que tout ce qu'il a écrit en vue de l'*Apologie* l'a été de 1659 à 1662. Mais les papiers laissés par Pascal nous prouvent le contraire : il prenait ses notes sur de grandes feuilles et plus de 75 % de celles-ci sont antérieures à 1659. En outre nous imaginons difficilement qu'il ait pu faire, sur son ouvrage, en 1658, une conférence de deux ou trois heures, sans le secours d'aucun papier.

De nombreuses hypothèses qui avaient cours, depuis plus de cent ans, sur les *Pensées* nous apparaissent donc très ébranlées et de moins en moins défendables.

Certaines critiques qui nous sont faites nous inviteraient à le croire; elles essayent trop visiblement d'escamoter le débat.

...Ainsi on nous dit : vous dédaignez l'œuvre de vos devanciers et vous êtes aveuglé par votre orgueil (d'érudit).

Nous ne dédaignons rien du tout et nous n'avons jamais eu l'intention de minimiser l'œuvre de nos devanciers. Nous nous contentons d'exposer des faits et nous laissons à d'autres, plus qualifiés que nous, le soin de conclure.

S'il nous est arrivé d'avoir parfois un coup de plume un peu vif c'était uniquement pour faire front aux aventuriers de l'hypothèse. Et notre situation de chercheur n'est pas assez ancienne pour briguer une place parmi la « *gens irritabile* ».

...Enfin, autre observation quelque peu surprenante. On nous dit : l'assurance que vous apportez dans vos affirmations pour indiquer ce que vous estimez être des erreurs chez vos prédécesseurs, vos successeurs ne manqueront pas, à leur tour, d'en signaler la fragilité.

Peut-être. Tout est possible. Mais nous aimerions à ne pas trop attendre.

Nos contradicteurs ne se sont probablement pas rendu compte que nos chances d'erreur sont bien moins grandes que celles de nos devanciers. Nous n'utilisons pas le même principe de connaissance.

Nous faisons appel aux sens, seuls qualifiés pour juger des questions de fait, alors que la majorité presque absolue de ceux qui nous ont précédé font appel à la raison.

Or la raison est « ployable à tous sens » — « flexible à tout »

—, à la merci de l'imagination, tandis que les sens, l'œil en l'occurrence, nous apportent une certitude dans leur domaine.

Ainsi Pascal prenait-il ses notes sur de grandes feuilles ou sur de petits bouts de papier? La raison nous présentera autant d'arguments pour l'une ou l'autre solution; les sens, eux, nous apportent une certitude et nous imposent un choix : celui des grandes feuilles.

...Si l'on met en doute nos affirmations, que l'on veuille bien prendre la peine d'en indiquer les raisons.

Il ne suffit pas de mobiliser l'avenir ou de lancer quelques grands noms contre notre argumentation.

« Il est bien plus aisé de trouver des Moines que des raisons »,

avait déjà constaté Pascal.

L. L.

---

1. Depuis novembre 1953 cette observation n'est plus exacte. A cette date il a en effet paru, à Alger (*Méditerranée vivante* — A. Ducas), une réédition du *Discours*. Les notes et les commentaires qui l'accompagnent n'apportent rien de nouveau au débat.

AVERTISSEMENT

Dans nos *Recherches* et *Controverses pascaliennes* nous avons essayé de résoudre séparément quelques problèmes posés par les *Pensées*.

Dans l'*Histoire des Pensées,* en remettant ces problèmes avec d'autres, à leur place chronologique, nous croyons que l'on pourra mieux se rendre compte de l'importance relative de chacun d'eux et de leurs incidences.

Le lecteur reconnaîtra, au passage, les hypothèses qui ont remplacé celles qui ont cours depuis 1846, c'est-à-dire depuis la parution du tome III du *Port-Royal* de Sainte-Beuve.

Pour la numérotation des fragments nous suivons celle de l'*édition Lafuma* (Delmas, 2⁰ éd.). Cette édition présente une table de concordance avec la numérotation Brunschvicg.

L. L.

N. B. — Le 21 février 1953, M. Raymond Francis a soutenu en Sorbonne une thèse sur « *les Pensées de Pascal en France de 1842 à 1942, essai d'étude historique et critique* ». A cette date notre étude se trouvait intégralement rédigée, sauf le passage sur le projet d'édition de Sainte-Beuve.

I

LA RÉDACTION DES PENSÉES
(1656-1662)

Comment Pascal a-t-il été amené à prendre des notes en vue d'une *Apologie* de la religion chrétienne? A partir de quelle date a-t-il commencé à les prendre?

Pour répondre à ces questions nous négligerons toutes les hypothèses, conjectures ou suppositions — même celles du XVIIe siècle — qui ont été émises. Nous retiendrons seulement le témoignage des personnes qui ont pu être directement renseignées par l'auteur lui-même.

★

Ainsi nous lisons dans la préface (de Florin et Gilberte Périer) du *Traité de l'équilibre des liqueurs et de la pesanteur de la masse de l'air* (1663) :

> « ...Mais quoy que depuis l'année 1647 jusqu'à sa mort, il se soit passé près de quinze ans, on peut dire néanmoins qu'il n'a vécu que fort peu de temps depuis, ses maladies et ses incommodités continuelles luy ayant à peine laissé deux ou trois ans d'intervale, non d'une santé parfaite, car il n'en a jamais eu, mais d'une langueur plus supportable, et dans laquelle il n'estoit pas entierement incapable de travailler.
> C'est dans ce petit espace de temps qu'il a écrit ce que l'on a de luy, tant ce qui a paru sous d'autres noms, que ce que l'on a trouvé dans ses papiers, qui ne consiste presque qu'en un amas de pensées détachées pour un grand ouvrage qu'il méditoit, lesquelles il produisoit dans les petits intervalles de loisir que luy laissoient ses autres occupations, ou dans les entretiens qu'il en avoit avec ses amis... »

★

Voici maintenant ce que relate Gilberte Périer dans la *Vie de M. Pascal* :

Mars 1656. « ...Ce fut en ce temps-là qu'il plût à Dieu de guérir ma fille d'une fistule lacrymale dont elle estoit affligée, il y avoit trois ans et demi. Cette fistule estoit d'une si mauvaise qualité que les plus habiles chirurgiens de Paris la jugèrent incurable; et enfin Dieu s'estoit réservé de la guérir par l'attouchement d'une Sainte-Epine qui est à Port-Royal et ce miracle fut attesté par plusieurs chirurgiens et médecins, et autorisé par le jugement solennel de l'Eglise.

Ma fille estoit filleule de mon frère; mais il fut plus sensiblement touché de ce miracle par la raison que Dieu y estoit glorifié et qu'il arrivoit dans un temps où la foi dans la plupart du monde estoit médiocre. La joie qu'il en eût fut si grande qu'il en estoit tout pénétré et comme son esprit ne s'occupoit jamais de rien sans beaucoup de réflexion il lui vînt à l'occasion de ce miracle particulier plusieurs pensées très importantes sur les miracles en général, tant de l'Ancien que du Nouveau Testament...

...J'ajoute seulement, ce qu'il est important de rapporter ici, que toutes les différentes réflexions que mon frère fît sur les miracles lui donnèrent beaucoup de nouvelles lumières sur la religion. Comme toutes les vérités sont tirées les unes des autres, c'estoit assez qu'il fut appliqué à une, les autres lui venoient comme à la foule et se démêloient à son esprit d'une manière qui l'enlevoit lui-même, à ce qu'il nous a dit souvent, et ce fut en cette occasion qu'il se sentit tellement animé contre les athées que, voyant dans les lumières que Dieu lui avoit données de quoi les convaincre et les confondre sans ressources, il s'appliqua à cet ouvrage, dont les parties qu'on a ramassées, nous font avoir tant de regret qu'il n'ait pas pu les rassembler lui-même et avec tout ce qu'il auroit pu ajouter encore en faire un composé d'une beauté achevée...

...Ce furent ses infirmités qui l'empêchèrent de travailler davantage à son dessein. Il avoit environ trente-quatre ans quand il commença de s'y appliquer; il employa un an entier à s'y préparer, en la manière que ses autres occupations lui permettoient, qui estoit de recueillir les différentes pensées qui lui venoient là dessus et à la fin de l'année, c'est-à-dire la trente cinquième qui estoit la cinquième de sa retraite, il retomba dans ses incommodités d'une manière si accablante qu'il ne pût plus rien faire les quatre années qu'il vécut encore, si l'on peut appeler vivre la langueur si pitoyable dans laquelle il les passa... »

★

Etienne Périer, dans la préface de l'édition de Port-Royal de 1670, écrit de son côté :

« ...M. Pascal conçut le dessein de cet ouvrage plusieurs années avant sa mort; mais il ne faut pas néanmoins s'étonner s'il fut si longtemps sans en rien mettre par écrit; car il avait toujours accoutumé de songer beaucoup aux choses et de les disposer dans son esprit avant que de les produire au dehors, pour bien considérer et examiner avec soin celles qu'il fallait mettre les premières ou les dernières, et l'ordre qu'il leur devait donner à toutes, afin qu'elles pussent faire l'effet qu'il désirait. Et comme il avait une mémoire excellente, et qu'on peut dire même prodigieuse, en sorte qu'il a souvent assuré qu'il n'avait jamais rien oublié de ce qu'il avait une fois bien imprimé dans son esprit; lorsqu'il s'était ainsi quelque temps appliqué à un sujet, il ne craignait pas que les pensées qui lui étaient venues lui pussent jamais échapper; et c'est pourquoi il différait assez souvent de les écrire, soit qu'il n'en eût pas le loisir, soit que sa santé, qui a presque toujours été languissante et imparfaite, ne fût pas assez forte pour lui permettre de travailler avec application.
C'est ce qui a été cause que l'on a perdu à sa mort la plus grande partie de ce qu'il avait déjà conçu touchant son dessein. Car il n'a presque rien écrit des principales raisons dont il voulait se servir, des fondements sur lesquels il prétendait appuyer son ouvrage, et de l'ordre qu'il voulait y garder; ce qui était assurément très considérable. Tout cela était tellement gravé dans son esprit et dans sa mémoire qu'ayant négligé de l'écrire lorsqu'il l'aurait peut-être pu faire, il se trouva, lorsqu'il l'aurait bien voulu, hors d'état d'y pouvoir du tout travailler... »

Après avoir donné un résumé (d'après le *Discours sur les Pensées* de Filleau de la Chaise) de l'exposé fait par Pascal, à Port-Royal, en 1658, sur le dessein et le plan de l'ouvrage qu'il méditait de réaliser, il continue :

« ...Voilà en substance les principales choses dont il entreprit de parler dans tout ce discours, qu'il ne proposa à ceux qui l'entendirent que comme l'abrégé du grand ouvrage qu'il méditait, et c'est par le moyen d'un de ceux qui y furent présents qu'on a su depuis le peu que je viens d'en rapporter.
On verra parmi les fragments que l'on donne au public quelque chose de ce grand dessein de M. Pascal, mais on y en verra bien peu; et les choses mêmes que l'on y trouvera sont si imparfaites, si peu étendues et si peu digérées, qu'elles ne peuvent donner qu'une idée très grossière de la manière dont il avait envie de les traiter.

Au reste, il ne faut pas s'étonner si, dans le peu qu'on en donne, on n'a pas gardé son ordre et sa suite pour la distribution des matières. Comme on n'avait presque rien qui se suivît, il eût été inutile de s'attacher à cet ordre; et l'on s'est contenté de les disposer à peu près en la manière qu'on a jugée être plus propre et plus convenable à ce que l'on en avait. On espère même qu'il y aura peu de personnes qui, après avoir bien conçu une fois le dessein de M. Pascal, ne suppléent d'elles-mêmes au défaut de cet ordre, et qui, en considérant avec attention les diverses matières répandues dans ces fragments, ne jugent facilement où elles doivent être rapportées suivant l'idée de celui qui les avait écrites.

Si l'on avait seulement ce discours-là par écrit tout au long et en la manière qu'il fut prononcé, l'on aurait quelque sujet de se consoler de la perte de cet ouvrage, et l'on pourrait dire qu'on en aurait au moins un petit échantillon, quoique fort imparfait. Mais Dieu n'a pas permis qu'il nous ait laissé ni l'un ni l'autre; car peu de temps après il tomba malade d'une maladie de langueur et de faiblesse qui dura les quatre dernières années de sa vie, et qui, quoiqu'elle parût fort peu au dehors, et qu'elle ne l'obligeât pas de garder le lit ni la chambre, ne laissait pas de l'incommoder beaucoup, et de le rendre presque incapable de s'appliquer à quoi que ce fût : de sorte que le plus grand soin et la principale occupation de ceux qui étaient auprès de lui étaient de le détourner d'écrire, et même de parler de tout ce qui demandait quelque application et quelque contention d'esprit, et de ne l'entretenir que de choses indifférentes et incapables de le fatiguer.

C'est néanmoins pendant ces quatre années de langueur et de maladie qu'il a fait et écrit tout ce que l'on a de lui de cet ouvrage qu'il méditait, et tout ce que l'on en donne au public. Car, quoiqu'il attendît que sa santé fût entièrement rétablie pour y travailler tout de bon, et pour écrire les choses qu'il avait déjà digérées et disposées dans son esprit; cependant, lorsqu'il lui survenait quelques nouvelles pensées, quelques vues, quelques idées, ou même quelque tour et quelques expressions qu'il prévoyait lui pouvoir un jour servir pour son dessein, comme il n'était pas alors en état de s'y appliquer aussi fortement qu'il faisait quand il se portait bien, ni de les imprimer dans son esprit et dans sa mémoire, il aimait mieux en mettre quelque chose par écrit pour ne le pas oublier; et pour cela il prenait le premier morceau de papier qu'il trouvait sous sa main, sur lequel il mettait sa pensée en peu de mots, et fort souvent même seulement à demi-mot; car il ne l'écrivait que pour lui; et c'est pourquoi il se contentait de le faire fort légèrement, pour ne pas se fatiguer l'esprit, et d'y mettre seulement les choses qui étaient nécessaires pour le faire ressouvenir des vues et des idées qu'il avait.

C'est ainsi qu'il a fait la plupart des fragments qu'on trouvera dans ce recueil; de sorte qu'il ne faut pas s'étonner s'il y en a quelques-uns qui semblent assez imparfaits, trop courts et trop peu expliqués, et dans lesquels on peut même trouver des termes et des expressions moins propres et moins élégantes. Il arrivait néanmoins quelquefois qu'ayant la plume à la main, il ne pouvait s'empêcher, en suivant son inclination, de pousser ses pensées, et de les étendre un peu davantage, quoique ce ne fût jamais avec la force et l'application d'esprit qu'il aurait pu faire en parfaite santé. Et c'est pourquoi l'on en trouvera aussi quelques-unes plus étendues et mieux écrites, et des chapitres plus suivis et plus parfaits que les autres.

Voilà de quelle manière ont été écrites ces pensées. Et je crois qu'il n'y aura personne qui ne juge facilement par ces légers commencements et par ces faibles essais d'une personne malade, qu'il n'avait écrits que pour lui seul, et pour se remettre dans l'esprit des pensées qu'il craignait de perdre, et qu'il n'a jamais revus ni retouchés, quel eût été l'ouvrage entier, si M. Pascal eût pu recouvrer sa parfaite santé et y mettre la dernière main, lui qui savait disposer les choses dans un si beau jour et un si bel ordre, qui donnait un tour si particulier, si noble et si relevé à tout ce qu'il voulait dire, qui avait dessein de travailler cet ouvrage plus que tous ceux qu'il avait jamais faits, qui y voulait employer toute la force d'esprit et tous les talents que Dieu lui avait donnés, et duquel il a dit souvent qu'il lui fallait dix ans de santé pour l'achever... »

★

Nous donnerons enfin la parole au P. Beurrier, qui assista Pascal au cours de sa dernière maladie et à son lit de mort (juillet-août 1662), [*Mémoires,* Livre III, ch. XL] :

« ...3. Il me repartit à cela qu'il y avoit deux ans qu'il avoit fait une retraitte spirituelle, et une confession générale fort exacte, en suitte de laquelle il avoit entièrement changé de vie, et pris résolution de fuir toutes les compagnies pour ne plus songer qu'à son salut, et à combattre fortement les impies et les athées qui estoient en grand nombre dans Paris, comme pareillement les véritables hérétiques; qu'il avoit desia ramassé des matereaux et des armes très puissantes pour les convaincre de la vérité de la religion catholique; qu'il sçavoit par expérience, ayant conservé et conféré autrefois avec les plus opiniâtres, leur fort et leur faible, qu'ils avoient croyance en luy, et qu'il sçavoit comme il falloit les prendre et les convaincre; que ces matereaux estoient diverses pensées, argumens et raisons qu'il avoit couché par escrit en peu de mots, en divers temps et sans ordre, mais selon qu'il les avoit formez dans son esprit, dans le dessein qu'il avoit d'en faire un livre entier en les exposant par ordre, et les expliquant fort clairement, et leur donnant toute la force qu'il pourroit, espérant que ce livre seroit très utile, et que Dieu y donneroit sa bénédiction, veu la pureté de ses intentions, qui n'estoient autres que de ramener au bercail de l'Eglise tant de brebis égarées, et ainsi étendre le royaume de Jésus-Christ, et de procurer la gloire de Dieu et le salut des âmes...

...Enfin il me dit que, depuis deux ans, il avoit commencé à mettre par escrit ses pensées pour combattre toutes sortes d'impies et pour montrer clairement la vérité de la religion catholique, apostolique et romaine pour les estendre au long dans le livre qu'il avoit dessein de composer, si Dieu luy rendoit la santé, et lui prolongeoit la vie à laquelle il n'avoit point d'attache qu'autant qu'il plairoit à Dieu, et dans cette seule veüe de travailler à la conversion des impies, si Dieu l'agreeoit, en le priant de vouloir appaiser ces contestations fâcheuses entre des personnes doctes et de probité pour se joindre ensemble dans son même dessein de détruire l'infidélité et l'hérésie... »

★

Les papiers laissés par Pascal confirment ce que nous apprennent Gilberte Périer et le P. Beurrier. Quant à Etienne Périer nous verrons qu'il fait plus appel à son imagination qu'à ses souvenirs.

★ ★

Les premières notes que Pascal a prises, en vue de l'*Apologie*, semblent contemporaines, ainsi que Gilberte Périer le confirme, de celles qu'il prenait pour répondre aux attaques dont le miracle de la Sainte-Epine était l'objet.

Le 20 août 1656 paraissait un écrit du P. Annat intitulé : « *Rabat-Joye des Jansénistes ou Observations nécessaires sur ce qu'on dit être arrivé au Port-Royal au sujet de la Sainte-Epine.* Par un Docteur de l'église catholique. »

Pascal réagit aussitôt; les réflexions qu'il note à partir de ce moment-là, qu'il a réunies dans un dossier (liasse) spécial, nous montrent qu'il avait fait le projet d'écrire une *Lettre sur les miracles*, sans doute de la même encre que les *Provinciales*[1], qui poursuivaient leur étonnante carrière.

Voici par exemple un papier qu'il rédigea à cette époque. Ecrit recto et verso il nous est parvenu intact, avec le trou d'enfilure, collé sur le folio 343 du *Recueil Original*. Il mesure 22 $^1\!/_2$ × 37 cm, et les notes les plus diverses qu'il retient sont jetées fièvreusement dans tous les sens.

---

1. Voir appendice 1.

LA RÉDACTION DES *PENSÉES* 17

★

[-908] L'histoire de l'aveugle né.

Que dit St-Paul? dit-il (*ce*) le rapport des prophéties à toute heure? non, mais son miracle.

Que dit J. C.? dit-il le rapport des prophéties? non, sa mort ne les avait pas accomplies, mais il dit : *si non fecissem*, croyez aux œuvres.

Deux fondements surnaturels de notre religion toute surnaturelle, l'un visible, l'autre invisible.
Miracles avec la grâce, miracles sans grâce.

La synagogue qui a été traitée avec amour comme figure de l'Eglise et avec haine parce qu'elle n'en était que la figure a été relevée prête à succomber, quand elle était bien avec Dieu, et ainsi figure.

Les miracles prouvent le pouvoir que Dieu a sur les cœurs par celui qu'il exerce sur les corps.

Jamais l'Eglise n'a approuvé un miracle parmi les hérétiques.

Les miracles, appui de religion. Ils ont discerné les Juifs. Ils ont discerné les chrétiens, les saints, les innocents, les vrais croyants.

Un miracle parmi les schismatiques n'est pas tant à craindre, car le schisme qui est plus visible que le miracle marque visiblement leur erreur, mais quand il n'y a point de schisme et que l'erreur est en dispute le miracle discerne.

Si non fecissem quae alius non fecit.

Ces malheureux qui nous ont obligé de parler des miracles.

Abraham, Gédéon.
Confirmer la foi par miracles.

Judith, enfin Dieu parle dans les dernières oppressions.

Si le refroidissement de la charité laisse l'Eglise presque sans vrais adorateurs, les miracles en exciteront.

Ce sont les derniers effets de la grâce.

S'il se faisait un miracle aux Jésuites.

Quand le miracle trompe l'attente de ceux en présence desquels il arrive et qu'il y a disproportion entre l'état de leur foi et l'instrument du miracle, alors il doit les porter à changer, mais... etc. Autrement il y aurait autant de raison à dire que si l'Eucharistie ressuscitait un mort il faudrait se rendre calviniste que demeurer catholique, mais quand il couronne l'attente et que ceux qui ont espéré que Dieu bénirait les remèdes se voient guéris sans remèdes...

Impies.
Jamais signe n'est arrivé de la part du diable sans un signe plus fort de la part de Dieu, (*Néanmoins cela ayant été prédit que*) au moins sans qu'il eut été prédit que cela arriverait.

[810] La folle idée que vous avez de l'importance de votre compagnie vous a fait établir ces horribles maximes. Il est bien visible que c'est ce qui vous a fait suivre celle de la calomnie, puisque vous blâmez en moi comme horribles les moindres impostures que vous excusez en vous, parce que vous me regardez comme un particulier (*qui a* V) et vous comme Imago.

Il paraît bien que vos louanges sont des folies pour les fables, comme le privilège de non damné.

Est-ce donner courage à vos enfants de les condamner quand ils servent l'Eglise.

C'est un artifice du diable (*d'emp*) de divertir ailleurs les armes dont ces gens-là combattaient les hérésies.

Vous êtes mauvais politiques.

[298] Pyrrhonisme.
Chaque chose est ici vraie en partie, fausse en partie. La vérité essentielle n'est point ainsi, elle est toute pure et toute vraie. Ce mélange la détruit et l'anéantit. Rien n'est purement vrai et ainsi rien n'est vray en (*prenant le*) l'entendant du pur vrai. On dira qu'il est vrai que l' (*adultère*) homicide est mauvais : oui, car nous connaissons bien le mal et le faux. Mais que dira (-t-) on qui soit bon? La chasteté? Je dis que non, car le monde finirait. Le mariage? non, la continence vaut mieux. De ne point tuer? non, car les désordres seraient horribles, et (*on tuerait*) les méchants tueraient tous les bons. De tuer? non, car cela détruit la nature. Nous n'avons ni vrai, ni bien que en partie, et mêlé de mal et de faux.

[868] Probabilité.
Ils ont quelques principes vrais, mais ils en abusent, or l'abus des vérités doit être autant puni que l'introduction du mensonge.
Comme s'il y avait deux enfers, l'un pour (*le défau*) les péchés contre la charité, l'autre contre la justice.

[980] Vertu apéritive d'une clef, attractive d'un croc.

[351] Superstition et concupiscence.
Scrupules, désirs mauvais.
Crainte mauvaise.
Crainte, non celle qui vient de ce qu'on croit Dieu, mais celle de ce qu'on doute s'il est ou non. La bonne crainte vient de la foi, la fausse crainte du doute; la bonne crainte jointe à l'espérance, parce qu'elle naît de la foi et qu'on espère au Dieu que l'on croit; la mauvaise jointe au désespoir parce qu'on craint le Dieu auquel on n'a point eu foi. Les uns craignent de le perdre, les autres de le trouver.

[811] (*Gens sans fois sans*) Gens sans paroles, (*gens*) sans foi, sans honneur, sans vérité, doubles de cœur, doubles de langue et semblables, comme ils vous fut reproché autrefois, à cet animal amphibie de la fable, qui se tenait dans un état ambigu entre les poissons et les oiseaux.

Le Port-Royal vaut bien Voltigerod.
Autant que votre procédé est juste selon ce biais, autant il est injuste si on regarde la piété chrétienne.

Il importe aux rois et princes d'être en estime de piété et pour cela il faut qu'ils se confessent à vous.

[770] Les figures de la totalité de la rédemption comme que le soleil éclaire à tous, ne marquent qu'une totalité, mais les figures des exclusions, comme des Juifs élus à l'exclusion des gentils, marquent l'exclusion.

[771] J. C. rédempteur de tous. Oui, car il a offert comme un homme qui a racheté tous ceux qui (*venir*) voudront venir à lui. Ceux qui mourront en chemin c'est leur malheur, mais quant à lui il (*offrait*) leur offrait rédemption.
Cela est bon en cet exemple où celui qui rachète et celui qui empêche de mourir font deux, mais non pas en J. C. qui fait l'un et l'autre. Non car J. C. en qualité de rédempteur n'est pas peut-être maître de tous, et ainsi en tant qu'il est en lui il est rédempteur de tous.

[772] Quand on dit que J. C. n'est pas mort pour tous, vous abusez (*de la malice*) d'un vice des hommes qui s'appliquent incontinent cette exception, ce qui est favoriser le désespoir au lieu de les en détourner pour favoriser l'espérance.
Car on s'accoutume ainsi aux vertus intérieures par ces habitudes extérieures.

Deux notes de ce papier permettent d'en dater la rédaction, à coup sûr, à fin août ou au début de septembre 1656. L'une d'entre elles (La. 810) a été utilisée dans la *12ᵉ Provinciale* (9/9/1656), et l'autre (811) dans la *13ᵉ* (30/9/1656).

A ces notes s'ajoutent une autre note (868), encore destinée aux *Provinciales,* mais qui n'a pas servi; une suite de notes (908) sur les miracles; trois (770-771-772) pour les *Ecrits sur la Grâce;* une note (980) qui est une réflexion linguistique, vraisemblablement l'écho d'une conversation de salon; et enfin deux notes (298-351) qui paraissent avoir été enregistrées en vue de l'*Apologie.*

★

Le succès *des Petites Lettres* avait assurément permis à Pascal de se rendre compte du talent exceptionnel de persuasion qu'il possédait. Cette constatation l'a peut-être décidé à entreprendre un ouvrage destiné, sinon à convaincre les athées de la vérité de la religion chrétienne, selon l'expression de sa sœur, du moins à les confondre.

C'est vraisemblablement à cette époque qu'il envisageait de rédiger certains chapitres de la première partie de son ouvrage sous forme de lettres; plusieurs fragments en font foi :

---

[27] Lettre (*de*) pour porter à rechercher Dieu.
Et puis le faire chercher chez les philosophes, pyrrhoniens et dogmatistes qui travailleront celui qui le recherche.

★

[28] Ordre.
(*Une lettre où un ami dise*) Une lettre d'exhortation à un ami pour le porter à chercher. Et il répondra : mais à quoi me servira de chercher, rien ne paraît. Et lui répondre : ne désespérez pas. Et il répondrait qu'il serait heureux de trouver quelque lumière. Mais que selon cette religion (*Après J*) même quand il croirait ainsi cela ne lui servirait de rien. Et qu'ainsi il aime autant ne point chercher. Et à cela lui répondre : La Machine.

★

[30] Lettre qui marque l'utilité des preuves. Par la Machine.
La foi est différente de la preuve. L'une est humaine et l'autre est un don de Dieu. *Justus ex fide vivit.* C'est de cette foi que Dieu lui-même met dans le cœur, (*qui fait*) dont la preuve est souvent l'instrument, *fides ex auditu,* mais cette foi est dans le cœur et fait dire (*cre*) non *scio* mais *credo.*

★

[32] Dans la lettre de l'injustice peut venir.
La plaisanterie des aînés qui ont tout. Mon ami vous êtes né de ce côté de la montagne, il (*faut que*) est (*juste*) donc juste que votre aîné ait tout.
Pourquoi me tuez-vous ?

★

[34] Ordre. Après la lettre qu'on doit chercher Dieu, faire la lettre d'ôter les obstacles qui est le discours de la Machine, de préparer la Machine, de chercher par raison.

★

[40] (*De*) Une lettre de la folie de la science humaine et de la philosophie.
Cette lettre avant le divertissement.
Felix qui potuit.
Felix nihil admirari.
280 sortes de souverain bien dans Montaigne.

★

Ainsi dès septembre 1656 Pascal songeait à son grand ouvrage et Gilberte Périer confirme tout cela lorsqu'elle écrit :

« ...Ce furent ses infirmités qui l'empêchèrent de travailler davantage à son dessein. Il avait environ trente-quatre ans (19 juin 1657) quand il commença de s'y appliquer... »

Si elle écrit « environ trente quatre ans », c'est que vraisemblablement c'est seulement à cette date que cet ouvrage devint sa préoccupation principale, aussitôt après l'arrêt brusqué des *Provinciales* (avril 1657).

Dès lors il y travailla très activement, tout en menant de front divers projets — *Ecrits sur la Grâce, Abrégés de la vie de Jésus-Christ, Traité de géométrie* —, la maladie lui laissant quelque répit.

« Il employa un an à s'y préparer... » précise Gilberte.

Vers le milieu de 1658 il avait donc arrêté les grandes lignes de son ouvrage.

Fut-il à ce moment-là sollicité par ses amis de Port-Royal à venir leur exposer ses projets? C'est probable.

Quoi qu'il en soit, c'est sans doute à cette occasion — c'est aussi l'opinion de M. Jean Mesnard — qu'il se mit à classer les notes qu'il avait prises à ce sujet.

Pascal commença donc à découper les grandes feuilles sur lesquelles il avait enregistré les réflexions les plus diverses. Car, contrairement à ce que nous dit Etienne Périer dans la préface de *l'édition de Port-Royal,* son oncle ne prenait pas ses notes sur de « petits morceaux de papier », ou sur « le premier morceau de papier qu'il trouvait sous sa main ».

Il les prenait sur de grandes feuilles, en général du format $23 \ 1/2 \times 35$ ou d'un sous-multiple de celui-ci; il traçait une petite croix en tête de page. De plus, comme elles n'avaient ordinairement pas de rapport immédiat entre elles, il les séparait d'un vigoureux trait de plume.

Après sa mort, on trouva dans sa chambre beaucoup de petits morceaux de papier, mais ils provenaient tout simplement de grandes feuilles qu'il avait découpées en vue de leur classement en liasses, suivant un usage qui ne s'était pas encore perdu au XIXe siècle.

Ce travail de découpe lui fut du reste grandement facilité grâce à la présence des traits de plume séparateurs.

Et c'est pour cela que l'on retrouve sur des centaines de bouts de papier les traits séparateurs; les petites croix sont naturellement en moins grand nombre; les trous d'enfilure également, mais pour d'autres raisons.

Ainsi en octobre ou novembre Pascal était en mesure d'exposer à Port-Royal « l'ordre et la suite » de son ouvrage. De cette conférence Filleau de la Chaise dans son *Discours sur les Pensées* et Etienne Périer nous ont conservé l'écho, mais leurs comptes-rendus, s'ils ne sont pas tout à fait fantaisistes, ne nous rapportent certainement pas les souvenirs d'un témoin.

Etienne Périer ne fait du reste qu'un bref résumé du *Discours* de Filleau, qu'il est loin de considérer comme le rapport fidèle d'un auditeur, puisqu'il nous avoue, après l'avoir utilisé :

« ...Si l'on avait seulement ce discours-là (celui de Pascal) par écrit tout au long et en la manière qu'il fut prononcé, l'on aurait quelque sujet de se consoler de la perte de cet ouvrage, et l'on pourrait dire qu'on en aurait au moins un petit échantillon, quoique fort imparfait. Mais Dieu n'a pas permis qu'il nous ait laissé ni l'un ni l'autre... »

Peu de temps après cette conférence, nous dit encore Etienne Périer, soit fin janvier 1659, l'impression des *Lettres de A. Dettonville* étant terminée, Pascal tomba dans un tel état de langueur que pendant de longs mois il ne put plus rien faire de suivi, notamment le classement de ses papiers qu'il n'a plus jamais repris.

Pendant un an et demi — soit de fin janvier 1659 à juin 1660 —, précise Etienne Périer :

« ...le plus grand soin et la principale occupation de ceux qui étaient auprès de lui, étaient de le détourner d'écrire, et même de parler de tout ce qui demandait quelque application et quelque contention d'esprit, et de ne l'entretenir que de choses indifférentes et incapables de le fatiguer. »

Et Carcavi écrivait à Chr. Huyghens, le 14 août 1659, que la maladie de Pascal

« consiste dans une espèce d'anéantissement et d'abattement général de toutes ses forces » et qu'il

« ne savait s'appliquer à quoi que ce soit qui demande tant soit peu d'attention qu'il ne sente une incommodité considérable. »

En fait, au cours de cette période douloureuse, Pascal n'a rien écrit et c'est à peine si nous retrouvons dans ses papiers quelques notes qu'il a dictées à sa sœur Gilberte (à moins qu'elles ne soient seulement de 1661), ou à quelque secrétaire bénévole. C'est le cas, croyons-nous, des fragments sur *le modèle d'agrément et de beauté* (La. 931), sur *la beauté poétique* (932), sur *les vrais et faux miracles* (477-478)...

Aussi, dès que son état le lui permit, fin mai 1660, il gagna en bateau, par petites étapes, en vingt jours, Chamalières où dans le château de Bienassis, propriété des Périer, il venait retrouver l'air natal.

Une amélioration se produisit dans son état de santé, puisque le 10 août il écrit à Fermat et qu'il recommence à prendre des notes en vue des *Trois Discours sur la condition des Grands* (917-918).

Il regagne Paris vers octobre et adresse ses *Trois Discours* à Charles Henri, duc de Chevreuse, selon l'opinion d'A. Gazier. Il reprend ses relations avec Mme de Sablé, visite les églises, se défait d'une partie de sa bibliothèque, vend « son carrosse, ses chevaux, ses tapisseries, ses beaux meubles, son argenterie... » pour en donner l'argent aux pauvres, et se documente au ralenti pour son ouvrage. Il ne désire pas que l'on s'occupe de lui.

C'est à cette époque, sans doute (1661-1662), que fait allusion Gilberte Périer lorsqu'elle nous confie qu'elle était peinée de voir le peu de cas que son frère faisait de tous les soins qu'elle prenait pour lui.

Nous retrouvons en effet sur le *Recueil Original,* folio 243, en marge du fragment *sur les vrais Juifs et les vrais Chrétiens,* que nous datons de 1661 (La. 554), l'observation suivante :

« Je suis extrêmement fâché de ce que vous avez tant perdu de temps à faire des provisions inutiles, et je vous assure qu'une autre fois je ne vous donnerai plus la peine d'en faire pour moi. »

Il prend des notes sur le peuple juif — *Avantages du peuple juif* (552), *Sincérité des Juifs* (553) — il traduit plusieurs passages de la Bible (661-662-664), il enregistre des citations d'Isaïe et de Jérémie (516)... etc.

Il commence même à rédiger, comme le rapporte le Père Beurrier, quelques pages qui semblent destinées à l'introduction de la seconde partie de son ouvrage, c'est-à-dire le très beau fragment sur *l'immortalité de l'âme* (La. 11).

Cependant fin juin 1662 une rechute l'oblige à s'aliter; le 29 sa sœur le prend chez elle et il meurt le 19 août.

★

En résumé, de septembre 1656 à janvier 1659, Pascal a rédigé ou dicté au moins 75 % des fragments sur la religion qu'il nous a laissés. Parmi ceux-ci il en avait classé environ 70 % et beaucoup d'autres, découpés, se trouvaient en attente de classement.

De janvier 1659 à juin 1660 il n'a pour ainsi dire rien écrit; il a peut-être seulement dicté quelques pages.

Les fragments postérieurs à juillet 1660 ont été quelquefois dictés, mais la plupart des originaux sont de sa main.

Ainsi peuvent s'établir les grandes lignes d'une chronologie des *Pensées*.

Cette chronologie nous aidera à comprendre l'état dans lequel les papiers de Pascal ont été trouvés. Elle nous permet, en outre, de penser, contrairement à une opinion assez répandue, qu'une fois les grandes lignes de son ouvrage arrêtées — avant la conférence à Port-Royal — il ne les a plus modifiées.

Pour s'en rendre compte il suffit de rapprocher le fragment (La. 29), classé, donc rédigé avant janvier 1659, des fragments (La. 48-49), non classés, rédigés à notre avis en 1661-1662. Ces fragments distinguent en effet très nettement les deux grandes divisions de l'ouvrage en préparation.

★

+

[29] 1. Partie. Misère de l'homme sans Dieu.
2. Partie. Félicité de l'homme avec Dieu.

autrement
1. Part. Que la nature est corrompue, par la nature même.
2. Partie. Qu'il y a un Réparateur, par l'Ecriture.

★

[48**] Préface de la première partie.
Parler de ceux qui ont traité de la connaissance de soi-même, des divisions de Charron, qui attristent et ennuient. De la confusion de Montaigne, qu'il avait bien senti le défaut d'une droite méthode. Qu'il l'évitait en sautant de sujet en sujet, qu'il cherchait le bon (*air*) air.
Le sot projet qu'il a de se peindre et cela non pas en passant et contre (*son d*) ses maximes, comme il arrive à tout le monde de faillir, mais par ses propres maximes et par un dessein premier et principal. Car de dire des sottises par hasard et par faiblesse c'est un mal ordinaire, mais d'en dire par dessein c'est ce qui n'est pas supportable et d'en dire de telles que celles-ci.

[49*] Préface de la seconde partie.
Parler de ceux qui ont traité de cette matière.
J'admire avec quelle hardiesse ces personnes entreprennent de parler de Dieu.
En adressant leurs discours aux impies leur premier chapitre est de prouver la divinité par les ouvrages de la nature. Je ne m'étonnerais pas de leur entreprise s'ils adressaient leurs discours aux fidèles, car il est certains qui ont la foi vive dedans le cœur voient incontinent que tout ce qui est n'est autre chose que l'ouvrage (*de*) du Dieu qu'ils (*les*) adorent, mais pour ceux en qui cette lumière est éteinte et dans lesquels on a dessein de la faire revivre, ces personnes destituées de foi et de grâce, qui recherchant de toute leur lumière tout ce qu'ils voient dans la nature qui les peut mener à cette connaissance ne trouvent qu'obscurité et ténèbres, dire à ceux-là qu'ils n'ont qu'à voir la moindre des choses qui les environnent et qu'ils y verront Dieu à découvert et leur donner pour toute preuve de ce grand et important sujet le cours de la lune et des planètes et prétendre avoir achevé sa(*ns*) preuve avec un tel discours c'est leur donner sujet de croire que les preuves de notre religion sont bien faibles et je vois par raison et par expérience que rien n'est plus propre à leur en faire naître le mépris. Ce n'est pas de cette

sorte que l'Ecriture qui connaît mieux les choses qui sont de Dieu en parle. Elle dit au contraire que Dieu est un Dieu caché et que depuis la corruption de la nature il les a laissés dans un aveuglement dont ils ne peuvent sortir que par J. C., hors duquel toute communication avec Dieu est ôtée. *Nemo novit patrem nisi filius et cui filius voluit revelare.*

C'est ce que l'Ecriture nous marque quand elle dit en tant d'endroits que ceux qui cherchent Dieu le trouvent. Ce n'est point de cette lumière qu'on parle comme le jour en plein midi. On ne dit point que ceux qui cherchent le jour en plein midi (*le trouv*) ou de l'eau dans la mer en trouveront et ainsi il faut bien que l'évidence de Dieu ne soit pas telle dans la nature. Aussi elle nous dit ailleurs (*deu*) : *vere tu es deus absconditus.*

★
★ ★

Les commentateurs ont intérêt à avoir toujours présente à l'esprit cette chronologie des *Pensées,* qu'il est possible dans certains cas de circonscrire dans des limites plus étroites, s'ils veulent éviter des interprétations inexactes.

Ainsi, il ne faut pas laisser entendre que le fameux fragment : « *Ad tuum, Domine Jesu, tribunal appello...* » illustre le dernier état de la pensée de Pascal, mort le 19 août 1662, alors qu'il a été rédigé, en novembre 1657, sous le coup de la condamnation des *Provinciales.* A cette époque, du reste, cette protestation, contre une décision de la Congrégation de l'Index, n'a rien d'extraordinaire, puisque son autorité n'était pas reconnue dans le royaume.

Il ne faut pas non plus s'imaginer que les notes sur les miracles ont été écrites en 1661, pour y surprendre une évolution de la dernière heure, alors que leur rédaction se situe entre septembre 1656 et novembre 1657.

★ ★

Ceci dit, qu'il nous soit permis maintenant d'insister sur les contradictions que l'on peut relever dans la relation d'Etienne Périer.

Ainsi, il affirme à propos des écrits sur la religion de son oncle :

« C'est néanmoins pendant ces quatre années de langueur et de maladie (1659-1662) qu'il a fait et écrit tout ce qu'on a de lui de cet ouvrage qu'il méditait... »

alors qu'il nous dit, par ailleurs, que pendant cette période :

« ...le plus grand soin et la principale occupation de ceux qui étaient auprès de lui, étaient de le détourner d'écrire... »

Ailleurs, résumant le *Discours sur les Pensées* de Filleau, il consacre cinq à six pages à la conférence que Pascal fit à Port-Royal, en 1658, au cours de laquelle il exposa, pendant deux ou trois heures, « l'ordre et la suite » de son ouvrage.

Il nous laisse entendre que son oncle fit cette conférence sans le secours d'aucun papier. Mais alors à quoi se rapportaient les notes accumulées pendant plus d'un an (1657-1658), auxquelles Gilberte Périer fait allusion? Et que signifient ces sept grandes pages, retrouvées dans les papiers autographes, avec les titres *A.P.R. Commencement* et *A.P.R. pour demain*?

Tout ce que l'on a de Pascal de cet ouvrage qu'il méditait, n'a donc pas été fait et écrit entre 1659 et 1662.

Etienne Périer n'est un témoin véridique que lorsqu'il relate des événements auxquels il a été mêlé; par exemple lorsqu'il nous expose dans quelles conditions les papiers posthumes de Pascal ont été recueillis, copiés et utilisés, en vue de l'édition de Port-Royal.

Autrement ce ne sont souvent que des conjectures nullement confirmées par la préface du *Traité de l'équilibre des liqueurs et de la pesanteur de la masse de l'air* (1663) ou la *Vie de M. Pascal* de Gilberte Périer.

II

LA MISE AU POINT DE L'ÉDITION DE PORT-ROYAL
(1663-1669)

La famille de Pascal et ses amis de Port-Royal eurent une surprise désagréable lorsqu'ils virent l'état dans lequel se présentaient les papiers qu'il avait laissés [a] ; ils en vinrent même à se demander s'il était possible d'en tirer quelque chose.

Nous lisons dans la préface du *Traité de l'équilibre des liqueurs et de la pesanteur de la masse de l'air* (1663) :

> « ...que ce que l'on a trouvé dans ses papiers, qui ne consiste presque qu'en un amas de pensées détachées pour un ouvrage qu'il méditait...
> ...si le public les voit jamais, il ne se tiendra pas peu obligé à ceux qui ont pris le soin de les recueillir, et de les conserver... »

On se mit donc à déchiffrer cette masse de documents plus ou moins informe. L'année 1663 fut sans doute consacrée à cela.

Mais, même après le déchiffrement, l'impression générale demeurait défavorable.

> « La première chose que l'on fit, relate Etienne Périer, fut de les faire copier tels qu'ils étaient, et dans la même confusion qu'on les avait trouvés. Mais lorsqu'on les vit en cet état, et qu'on eut plus de facilité de les lire et de les examiner que dans les originaux, ils parurent d'abord si informes, si peu suivis et la plupart si peu expliqués, qu'on fut fort longtemps sans penser du tout à les faire imprimer... »

---

a. Pascal a habité d'octobre 1654 à la fin de sa vie une maison sise face et hors la porte Saint-Michel, entre deux jeux de paume. Le bail de location retrouvé par M. Jean Mesnard permet de la situer 54, rue Monsieur-le-Prince.

Ce renseignement donné par Etienne Périer que les papiers de Pascal ont été copiés « tels qu'ils étaient et dans la même confusion qu'on les avait trouvés », est extrêmement important, car cette *Copie* est venue jusqu'à nous et nous la retrouvons à la Bibliothèque Nationale sous la cote 9203 du fond français.

Elle comprend deux parties bien distinctes : d'abord une partie classée, de la page 1 à la page 188, où figurent 27 chapitres ou dossiers (ou liasses) titrés, qui se suivent logiquement.

Une table des matières précède cette partie classée qui est présentée de la manière suivante — sans aucune numérotation :

  1° Ordre.
  2° Vanité.
  3° Misère.
  4° Ennui.
  5° (*Opinions du peuple saines*). Raisons des effets.
  6° Grandeur.
  7° Contrariétés.
  8° Divertissement.
  9° Philosophes.
  10° Le Souverain Bien.
  11° A. P. R.
  12° Commencement.
  13° Soumission et usage de la raison.
  14° Excellence.
  15° Transition.
  15 bis La nature est corrompue. *(aucun texte classé.)*
  16° Fausseté des autres religions.
  17° Religion aimable.
  18° Fondement.
  19° Loi figurative.
  20° Rabbinage.
  21° Perpétuité.
  22° Preuves de Moïse.
  23° Preuves de J.-C.
  24° Prophéties.

25° Figures.
26° Morale chrétienne.
27° Conclusion.

Dans la partie non classée, qui fait suite de la page 191 à la page 472, les textes se présentent sans ordre et sans titres.

En tenant compte des signes et des espaces blancs, comme l'a imaginé M. P.-L. Couchoud, nous dénombrons dans cette seconde partie trente-trois séries de textes. M. P.-L. Couchoud en compte 34 (ce qui est exact si notre série numérotée XXX en forme deux), qu'il considère comme des liasses faites par Pascal à diverses époques de sa vie. Nous ne partageons pas cette manière de voir, car une quinzaine de ces séries de textes correspondent à une ou deux pages de notes, ou à un seul fragment. Nous avons, pour notre part, l'impression que le copiste a mis quelques signes séparateurs un peu au hasard. Ces séries de textes ne sont pas titrées; cependant, avant les trois dernières séries, on peut relever, écrit en gros caractères, sur une page, le titre *Miracles*.

G. Michaut et L. Brunschvicg croyaient que cette *Copie 9203* n'était pas celle dont parle Etienne Périer qui, elle, aurait disparu. Nous aurions là seulement un premier état de l'édition de Port-Royal.

L. Brunschvicg estimait que les fragments mis en ordre étaient ceux que les premiers éditeurs voulaient retenir pour l'ouvrage, alors que ceux qui se présentent sans ordre devaient être éliminés.

Tourneur n'était pas de cet avis. Il estimait que si le classement avait été l'œuvre des premiers éditeurs celui-ci aurait été plus homogène, plus riche et qu'un certain nombre de fragments non classés en auraient fait partie.

Il pensait aussi que Pascal avait dû faire une ébauche de classement, puisqu'il lui arrive de faire allusion dans quelques notes à des chapitres ou à des articles.

Il remarquait enfin que le copiste s'attache visiblement à respecter l'état dans lequel les papiers avaient été trouvés : des observations en marge l'indiquent.

Pour notre part nous avons signalé que l'*édition de Port-Royal* avait retenu plus de fragments de la partie non classée de la *Copie* que de la partie classée : soit 214 contre 196. Cette *Copie* ne pouvait donc être un premier tri fait en vue de cette édition, ou alors il faudrait admettre, contre toute logique, que l'on a retenu de préférence les fragments que l'on voulait éliminer.

Nous avons montré ensuite que les liasses de la partie classée sont l'œuvre de Pascal lui-même. Sur 351 bouts de papier classés nous n'avons rencontré qu'une seule erreur de découpe. Un travail de classement aussi important, réalisé avec une pareille précision, ne peut être l'œuvre que de l'auteur lui-même. Nous estimons de plus que ce classement n'est pas seulement une ébauche puisqu'il représente plus de 50 % de la totalité des fragments sur la religion, écrits de 1656 à 1662.

Certains commentateurs ont cru pouvoir émettre l'hypothèse que ce classement pouvait bien être l'œuvre d'un familier de Pascal (le duc de Roannez par exemple), qui l'aurait fait après sa mort.

Mais qui dit classement suppose au préalable découpe des papiers.

Or cette découpe était déjà faite au moment de sa mort, puisque Etienne Périer croyait que son oncle utilisait des petits bouts de papier pour prendre ses notes.

En outre Etienne Périer reconnaît que Pascal avait mis une partie de ses papiers en ordre, puisque, dans la préface de l'*édition de Port-Royal,* il précise :

« ...dans le peu qu'on en donne (des pensées), on n'a pas gardé *son ordre* et *sa suite* pour la distribution des matières. »

Ainsi les premiers éditeurs n'ignoraient pas que Pascal avait laissé ses papiers dans un certain ordre et une certaine suite, qu'ils connaissaient grâce à la *Copie 9203.*

★
★ ★

Le comité de Port-Royal[2], qui avait la charge de préparer l'édition des notes posthumes de Pascal, envisagea en premier lieu de publier cette *Copie* telle qu'elle était, mais il y renonça, car le public n'aurait pas compris, ni apprécié, une pareille présentation.

Il songea ensuite, pendant quelque temps, à la solution qui consistait à reconstituer l'ouvrage que Pascal avait médité de réaliser. On l'abandonna, après quelques essais infructueux, car l'on s'était rendu compte que l'ouvrage reconstruit aurait été très différent de celui que l'auteur aurait fait.

La solution finalement adoptée consista à faire un choix parmi les fragments et à les ordonner sous divers titres, dont certains avaient été mentionnés par Pascal lui-même.

Cette dernière solution a été vraisemblablement arrêtée par la famille Périer, car c'est le 27 décembre 1666 que Florin Périer obtient un privilège du roi en vue de la publication d'un livre intitulé : *Les Pensées de Monsieur Pascal sur la Religion et sur quelques autres sujets.*

Or, à cette date, il y avait plus de six mois que les Périer n'avaient plus aucun contact avec Arnauld et Nicole. En effet, depuis l'arrestation de M. de Sacy (13 mai 1666) ils étaient obligés de se cacher pour dépister les recherches de la police : ils vécurent ainsi dans la clandestinité jusqu'à fin octobre 1688, c'est-à-dire jusqu'à *la Paix de l'Eglise.*

C'est au cours de cette période (en 1667) que Filleau rédigea son *Discours sur les Pensées*. Le témoin auquel il fait allusion, qui lui aurait rapporté des souvenirs vieux de plus de huit ans, ne peut donc être Nicole, ni Arnauld. Alors quel est-il? A notre avis ce témoin n'a jamais existé et Filleau, dont « le savoir se soutenait de savoir-faire », selon l'expression de Ch. H. Boudhors, l'a imaginé pour donner plus de vraisemblance à son « *Discours* ». En fait il s'est contenté d'utiliser l'ordre de présentation de la *Copie 9203*, qu'il avait à sa disposition comme membre du comité.

---

2. Il était présidé par le duc de Roannez. En faisaient partie : Arnauld, Nicole, du Bois, Filleau de la Chaise, Brienne, Tréville et Etienne Périer.

Dans le *Discours* il renvoie constamment à l'édition des *Pensées,* en préparation, dont il croyait rédiger la préface :

« ...que chacun s'examine sérieusement sur ce qu'il trouvera dans ce recueil... »

écrit-il, et il lui arrive d'utiliser et de délayer des textes rédigés par Pascal trois ans après la conférence qu'il prétend rapporter.

Au reste Filleau ne nous donnerait-il pas dans son *Discours* le schéma de la reconstruction de l'ouvrage de Pascal, tel que quelques membres du comité l'avaient imaginé?

Florin Périer n'appréciait pas ce *Discours*. Il ne s'est pas gêné pour faire part à Arnauld de son sentiment. Dans une lettre qu'Arnauld lui adressait le 11 août 1668, en réponse à la sienne, dont nous ignorons le contenu, celui-ci avoue qu'il ne l'a pas encore lu et que

« c'est la faute de M. de la Chaise de ne l'avoir pas mis au meilleur état qu'il pouvait être. »

Dans la même lettre Arnauld manifeste aussi sa surprise de voir que sa retraite (grâce à l'éditeur Desprez) a été découverte.

Filleau avait espéré que l'on utiliserait son *Discours* comme préface au livre des *Pensées* : il ne le publia qu'après la mort de Florin Périer (23 février 1672), en juin 1672, bien qu'il ait obtenu un privilège pour l'imprimer dès le 21 septembre 1670.

Aussitôt après la *Paix de l'Eglise* (fin oct. 1668), Arnauld et Nicole reprennent leur place au comité et nous apprenons par deux lettres (nov.-déc. 1668) de Brienne à Gilberte Périer, que le comité réclame des « cahiers de M. Pascal », qui lui manquent, pour pouvoir en terminer au plus vite.

Nous signalerons, par parenthèse, que le comité de Port-Royal n'a eu à sa disposition, pour préparer l'édition de 1670, que la *Copie 9203;* les originaux, dès 1663 ou 1664, avaient été repris par Gilberte Périer et conservés à Bienassis. Par conséquent tous les textes des *Pensées* de cette édition que l'on ne retrouve pas sur cette *Copie* ne sont que des gloses de divers membres du comité.

Ces lettres de Brienne nous apprennent également que Gilberte Périer avait insisté pour que l'on n'embellît pas les textes de son frère sous prétexte de les rendre plus clairs, mais le comité ne l'a pas suivie.

Toutefois les protestations de Gilberte Périer ne furent pas inutiles.

« *Les cahiers de M. Pascal* », que Brienne réclame à Gilberte Périer, sont des cahiers, faits par le comité en vue de l'édition, qui lui avaient été soumis pour approbation.

L'un de ces « cahiers » se retrouve dans les *Portefeuilles Vallant* (ms. 17049); il avait sans doute été donné à la marquise de Sablé, dont Vallant était un des secrétaires, par Etienne Périer.

Ce cahier de douze pages, d'un format voisin de l'in-4° tellière, est rédigé de la même main et porte en suscription : « Des Cayers de M. Pascal. »

Il semble qu'il nous présente des textes (notamment le chap. XVI de *l'édition de Port-Royal*), dans un premier état imaginé par le comité. Cet état s'est trouvé modifié par la suite, car les textes de *l'édition de Port-Royal* sont plus proches des originaux que les textes reproduits dans les *Portefeuilles Vallant*.

En voici un exemple :

Portefeuilles Vallant.

« Il est absurde de croire que les apôtres aient été des trompeurs. Qu'on s'imagine ces douze hommes assemblés après la mort de Jésus-Christ, faisant le complot de dire qu'il est ressuscité. Ils attaquent par là toutes les puissances. Le cœur des hommes est étrangement penchant à la légèreté, au changement, aux promesses, aux biens. Si peu que l'un d'eux se fût démenti par ces attraits et qui plus est par les prisons, par les tortures et par la mort, ils étaient perdus. Qu'on suive cela.

Pour ne pas croire les apôtres il faut dire qu'ils ont été trompés ou trompeurs. L'un et l'autre est difficile à imaginer, car il n'est pas possible (*rayé* : de prendre un homme ressuscité s'il ne l'est pas, de le voir, de boire et de manger avec un homme, après sa mort, s'il n'est pas ressuscité. — *rayé dans la marge* : car il n'est pas possible se persuader qu'on a vu un homme après sa mort, qu'on a mangé avec lui et parlé avec lui, si on ne l'a vu en effet) que plusieurs personnes croient avoir vu un homme après sa mort, l'avoir touché, avoir parlé et mangé avec lui, s'ils ne l'ont vu en effet. »

Edition de Port-Royal, Chap. XVI.

« I. Pour ne pas croire les Apôtres, il faut dire qu'ils ont été trompés, ou trompeurs. L'un et l'autre est difficile. Car pour le premier, il n'est pas possible de s'abuser à prendre un homme pour être ressuscité. Et pour l'autre, l'hypothèse qu'ils aient été fourbes, est étrangement absurde. Qu'on la suive tout au long. Qu'on s'imagine ces douze hommes assemblés après la mort de Jésus-Christ, faisant le complot de dire qu'il est ressuscité. Ils attaquent par là toutes les puissances. Le cœur des hommes est étrangement penchant à la légèreté, au changement, aux promesses, aux biens. Si peu qu'un d'eux se fût démenti par tous ces attraits, et qui plus est, par les prisons, par les tortures et par la mort, ils étaient perdus. Qu'on suive cela. »

Textes de Pascal.

[La. 587.] Preuve de Jésus-Christ. L'hypothèse des apôtres fourbes est bien absurde. Qu'on la suive tout au long; qu'on s'imagine ces douze hommes assemblés après la mort de Jésus-Christ faisant le complot de dire qu'il est ressuscité. Ils attaquent par là toutes les puissances. Le cœur des hommes est étrangement penchant à la légèreté, au changement, aux promesses, aux biens. Si peu qu'un de ceux-là se fût démenti par tous ces attraits, et qui plus est, par les prisons, par les tortures et par la mort, ils étaient perdus. Qu'on suive cela.
[La. 599.] Les apôtres ont été trompés, ou trompeurs; l'un et l'autre est difficile, car il n'est pas possible de prendre un homme pour être ressuscité... »

Ces lettres de Brienne à Gilberte Périer nous apprennent enfin que Filleau avait corrigé divers passages de son *Discours* pour donner satisfaction aux critiques qui avaient dû lui être transmises par le canal d'E. Périer.

Cependant Florin Périer, pour en finir avec cette question de la préface des *Pensées* et ménager toutes les susceptibilités [3], fit savoir qu'il la ferait lui-même. Mais, comme il n'avait pas le temps de s'en occuper, il « manda ses intentions » à son fils Etienne, qui fut obligé de la composer très rapidement, en rapportant quelques souvenirs personnels et en démarquant *la Vie de M. Pascal* de sa mère et le *Discours* de Filleau, tous deux inédits.

Nous constatons en effet que la première impression des *Pensées,* datée de 1669, avec la préface, dont on connaît trois ou

---

3. Voir appendice 2.

quatre exemplaires, est sortie des presses de Desprez en juin ou juillet, au plus tard.

Le tirage devait porter sur une trentaine d'exemplaires destinés à la famille, au comité de Port-Royal, aux approbateurs que l'on désirait solliciter, aux docteurs et à la censure royale.

La première approbation est du 9 août et la dernière du 24 novembre. A cette date les ultimes difficultés soulevées par l'abbé Le Camus, futur évêque (1671) et cardinal de Grenoble, étaient écartées.

L'imprimeur pouvait donc mettre en train le tirage. Après avoir fait les suppressions et les rectifications demandées, sur les formes mêmes qui avaient servi pour la première impression, il exécuta son tirage en moins d'un mois.

Cette première édition de 1670 — de 365 pages comme l'impression de 1669 — était terminée avant Noël. A ce moment-là M. Messat, l'un des aumôniers de l'archevêque de Paris, fit une démarche auprès de l'éditeur Desprez pour obtenir un exemplaire de chacune des deux impressions qui avaient été faites, car Hardouin de Péréfixe désirait voir « la différence ».

Desprez gagna quarante-huit heures, sous prétexte que tout ce qui était imprimé se trouvait chez le brocheur-relieur, et prit conseil d'Arnauld. La veille de Noël, après avoir fait, en une nuit, relier un exemplaire aux armes du prélat, il l'apporta à l'Archevêque. Il fut aussitôt reçu.

La relation de cette visite adressée par Desprez à Gilberte Périer nous est parvenue. Nous apprenons ainsi qu'il fut fort bien accueilli. Il affirma à l'Archevêque, comme il l'avait dit à M. Messat, qu'il n'existait qu'une seule édition des *Pensées;* il se faisait un plaisir de lui en offrir un exemplaire de la part de la famille Périer.

Hardouin de Péréfixe fit quelques réflexions lorsqu'il prit connaissance des noms des approbateurs, puis entra dans le vif du sujet. Il informa Desprez qu'il possédait une déclaration du P. Beurrier relatant dans quel état d'esprit Pascal était mort. Il verrait avec intérêt ce document —

« qui pourrait bien servir à faire vendre votre livre »

— figurer en tête du volume, à l'occasion d'une seconde édition, qui ne saurait tarder. Desprez enregistra et se contenta de répondre qu'il transmettrait ce désir à la famille Périer. L'Archevêque s'étant absenté quelques instants, Desprez en profita pour dire à M. Messat, qui assistait à l'entretien, qu'il ne pouvait changer une « panse d'a » à l'édition sans l'autorisation expresse de Mme Périer. Il quitta l'Archevêque en excellents termes et celui-ci l'invita à venir le revoir.

III

LES ÉDITIONS DE PORT-ROYAL
(1670-1761)

La première édition des *Pensées*, avec 365 pages pour les textes, fut mise en vente vers le 15 janvier 1670 ; la lettre de remerciement du 21 janvier de Mgr de Comminges, à qui un exemplaire a été offert, nous permet de le supposer.

L'achevé d'imprimer pour la première fois mentionne la date du 2 janvier. Cette mention était obligatoire, même pour les tirages postérieurs, en application de la réglementation en cours dans le commerce de la librairie. A cette époque, c'était en effet à partir du jour de l'achevé d'imprimer que courait le privilège accordé par le roi, en l'occurrence de cinq années.

La vente fut tout de suite très active puisqu'une nouvelle édition se débitait déjà courant mars. Cette édition avec 358 pages pour les textes — une erreur de pagination indique 334 pages — avait été imprimée sur des formes de 8 (au lieu de 12) et de 4 pages, qui alternent régulièrement. Elle diffère de la précédente, au point de vue des textes, seulement par la suppression d'un petit fragment, rétabli dans l'édition de 1678 (La. 668) :

« La misère porte au désespoir ; la grandeur inspire la présomption. »

C'est l'incident suivant qui nous fait connaître que cette édition de 358 pages se vendait déjà courant mars. Le 2 mars 1670 l'archevêque de Paris adresse à Florin Périer une lettre pour le remercier de lui avoir fait remettre par l'éditeur Desprez un exemplaire des

Pensées. Il en profite pour reparler de la déclaration du P. Beurrier, dont il joint une copie, et il ajoute :

> « ...Il serait à souhaiter qu'on l'eût mis à la tête de son livre; mais comme la première édition ne durera pas longtemps, on pourrait facilement la faire ajouter à la seconde. »

Le 12 mars Florin Périer répond à l'Archevêque et à la fin de sa lettre il écarte l'éventualité de cette insertion dans une édition ultérieure :

> « Pour le regard de la Déclaration, écrit Florin Périer, que vous m'avez fait l'honneur de me confier, et que vous proposez de faire mettre à la tête du livre de M. Pascal en la seconde édition, je vous supplie, Monseigneur, de me permettre de vous dire avec tout le respect que je vous dois, que les sentiments de M. Pascal ont toujours été universellement connus si catholiques et orthodoxes, particulièrement tous ceux qui l'ont vu et fréquenté durant toute sa vie et la pureté de sa foi paraît si clairement dans tout ce qu'on a vu de lui aussi bien dans ce petit livre que nous venons de donner au public, qui contient ses véritables pensées sur la religion et qui a été honoré de tant d'illustres approbations, que je n'estime pas qu'il y ait personne qui en puisse douter, ni par conséquent qu'il soit nécessaire d'avoir des justifications sur ce sujet, puisque les justifications ne sont nécessaires que pour ceux qui ont écrit ou fait quelque chose qui ait pu donner lieu de soupçonner de leur foi, ce que M. Pascal n'a pas fait... »

Arnauld est aussitôt alerté, et par la lettre du 23 mars qu'il adresse à Florin Périer nous apprenons que, consulté par Desprez, il lui a fait savoir qu'il était très important de mettre deuxième édition sur

> « ...celle qu'il débite présentement... afin que M. de Paris ne parlât plus d'y rien ajouter, voyant que c'est une chose faite. »

Effectivement beaucoup d'exemplaires de l'édition de 358 pages portent la mention *seconde édition*.

Une autre édition, cette fois de 348 pages, vit encore le jour en 1670. La qualité du papier n'est plus la même et elle porte toujours la mention *seconde édition*, pour ne pas contrarier l'Archevêque.

Hardouin de Péréfixe meurt le 31 décembre 1670. Il n'y a donc plus de précautions à prendre et l'éditeur modifia la page de titre de l'édition de 348 pages, en changeant le millésime 1670 en 1671, et en mettant *troisième édition* au lieu de seconde.

Cependant le privilège accordé par le roi pour l'édition des *Pensées* expire le 2 janvier 1675. Nous voyons alors de nouveaux éditeurs solliciter des permissions pour les imprimer. C'est le cas de Adam Demen à Lyon et David Berthelin à Rouen, qui sortent chacun une édition en 1675.

Mais Desprez ne veut pas perdre le bénéfice d'une affaire qui s'annonce, toutes proportions gardées, aussi brillante que les *Provinciales,* au succès desquelles il avait contribué, en courant tous les risques, même la prison, que cette publication comportait.

A cette époque sa maison prend de l'extension, puisqu'il vient d'ajouter à l'enseigne « à Saint Prosper », celle « aux Trois Vertus », qui avait été autrefois celle de son collègue Charles Savreux, décédé il y a quelques années. Mais comme pour obtenir un nouveau privilège il faut une justification, on ajoutera donc quelques textes à l'édition de 1670 et du même coup toute concurrence se trouvera écartée pour un temps.

Desprez obtint en effet un privilège de vingt années, à la date du 25 août 1677, pour une nouvelle édition des

« *Pensées de M. Pascal sur la religion et sur quelques autres sujets,* augmentées d'un grand nombre de nouvelles Pensées du même auteur, qui n'ont point encore été imprimées et qu'on a recouvrées depuis peu, auxquelles Pensées dudit sieur Pascal on a joint un traité intitulé : *Qu'il y a des démonstrations d'une autre espèce et aussi certaines que celles de Géométrie;* un *Discours sur les Pensées* dudit sieur Pascal et sur les *livres de Moïse* et *la Vie* dudit sieur Pascal. »

Le volume, sorti de ses presses le 14 avril 1678, remplissait toutes ces promesses, sauf en ce qui concerne *la Vie de M. Pascal*, de Gilberte Périer, qui ne vit le jour qu'avec l'édition de 1686, Arnauld et Nicole s'opposant encore à sa publication pour des raisons d'opportunité.

Sur la *Copie 9203* on peut relever quelques indications qui ont trait à la préparation de cette édition de 1678.

En marge de certains textes [4] un membre du comité (Arnauld ou Nicole) a écrit B ou M ou R, sans doute pour indiquer qu'il considérait tel fragment comme bon ou mauvais, ou à rejeter, en vue de l'édition projetée.

Il s'agit bien de l'édition de 1678, puisque

— sur 45 textes, marqués B, l'édition en a retenu 28, un seul figurant déjà dans celle de 1670;

— sur 18 textes, marqués M, l'édition en a retenu 6, 3 figurant déjà dans celle de 1670;

— sur 7 textes, marqués R, aucun n'a été retenu, un seul figurant déjà dans celle de 1670.

En outre en marge de (La. 968) (*Copie,* p. 317) un membre du comité, Nicole, sans doute, a écrit :

B. « Il faut ajouter les deux lignes suivantes à la pensée qui commence par ces mots : Il y en a qui masquent... chapitre des pensées diverses, page 338, dernière édition. »

Effectivement ces deux lignes sont ajoutées à l'édition de 1678 (XXXI, 33).

L'édition de 1678 ajoute donc à celle de 1670 environ 39 fragments, tous pris sur la *Copie,* sauf deux dont les originaux n'ont pas été conservés. Et désormais toutes les *éditions de Port-Royal,* qui vont se succéder, porteront la mention « nouvelle édition augmentée de plusieurs pensées du même auteur », mais, en fait, il ne sera pas ajouté aux textes un mot de plus qu'à l'édition de 1678.

Desprez († 1709), Desprez fils († 1743), Desprez petit-fils, jusqu'en 1761, se sont ingéniés pour obtenir des privilèges, soit chevauchant les uns sur les autres, soit se succédant, de façon à ne pas laisser la porte ouverte à la concurrence. En moins de cent ans (1666-1761) ils en obtinrent pour une durée de cent une années.

En 1776 Desprez petit-fils obtint encore un privilège pour six années, mais il ne l'utilisa pas. Il le céda sans doute à Nyon

---

4. Voir appendice 3.

l'aîné, rue du Jardinet, Paris, car ce privilège se trouve inséré dans l'édition des *Pensées* donnée par ce libraire en 1783. Le texte suivi est celui de l'édition Bossut, qu'il avait publiée en 1779, sous le nom fictif de Detune (à la Haye), mais l'ordre de présentation des fragments est celui de Port-Royal, c'est-à-dire des éditions Desprez.

Ces privilèges leur étaient accordés, soit pour aider Mme Vve Desprez, soit pour l'ensemble des volumes de leur fonds, soit à l'occasion d'une publication coûteuse et comme compensation, ce qui ne nécessita jamais, après 1677, l'adjonction de nouveaux textes.

La mention « augmentée de plusieurs pensées », répétée sur toutes les éditions, a trompé non seulement tous les concurrents possibles, mais elle a encore laissé croire à quelques historiens littéraires que les dernières *éditions de Port-Royal* sont les plus complètes.

Il y eut aussi de nombreuses éditions imprimées en Hollande, quelques contrefaçons (dont deux de 1670), plusieurs éditions et rééditions à Lyon en 1679, 1687, 1694, 1700, et c'est tout. L'édition hollandaise de 1684 est la première qui ait publié la *Vie de M. Pascal*, de Gilberte Périer, d'après une copie incomplète : c'est peut-être cela qui a décidé Arnauld et Nicole à lever leur veto. Quant à l'édition de Lyon de 1687 — trois volumes en deux tomes — elle a ceci de particulier qu'elle a été faite en partie avec un « consentement » et en partie en contrefaçon.

Tandis que les éditions de Port-Royal se succèdent, divers faits se produisent qui projettent quelque lumière sur l'histoire des *Pensées*.

Gilberte Périer meurt en 1687. Les papiers posthumes de son frère qu'elle conservait jalousement passent alors sous la garde de son fils, l'abbé Louis Périer. Ils vont ainsi continuer à moisir dans les tiroirs de la bibliothèque de Bienassis, proche de Clermont, jusqu'au jour où, en 1710-1711, Louis Périer songea à les mettre en lieu sûr, à Saint-Germain-des-Prés.

Pour éviter que les bouts de papier de toutes dimensions risquent de se perdre Louis Périer décida de les faire coller sur de grandes feuilles blanches, qu'il se procura sur place. Les trois différents filigranes que l'on remarque sur les feuilles — A. B. V. — J. A. S. — P. P. — sont en effet des filigranes de fabricants d'Auvergne, car entre leurs initiales il y a des cœurs, emblème caractéristique de cette région.

Les autographes furent placés sur ces feuilles dans l'ordre où ils étaient retirés des tiroirs, sans que l'on s'inquiétât au préalable d'en faire un classement quelconque. Ainsi le désordre dans lequel se présentent les papiers de Pascal donne une idée assez exacte de l'état dans lequel ils se trouvaient cinquante ans après sa mort.

Lorsque les liasses ou les paquets de papiers n'ont pas été touchés au cours des cinquante années qui ont précédé, nous les retrouvons à peu près groupés comme sur la *Copie 9203*[5]. Ce sont là de précieuses indications qui nous confirment l'existence des liasses dont avait parlé Etienne Périer.

Ce registre de 41 cahiers, comprenant environ 500 pages, a été déposé, broché, à St-Germain-des-Prés le 25 septembre 1711. Il se trouve maintenant à la Bibliothèque Nationale dans les manuscrits du fonds français avec la cote 9202.

★

Avant de faire ce dépôt Louis Périer s'était fait faire pour son usage personnel un petit manuscrit, dans lequel il avait réuni un choix d'inédits. Pour les *Pensées* il s'était surtout attaché à recueillir soit les textes que l'édition de Port-Royal avait négligés, soit les fragments non retenus par les copistes et notamment les pensées retranchées, intentionnellement laissées de côté, qui figuraient sur vingt-sept bouts de papier, numérotés de 1 A. à 27 D.d.

En 1711 Louis Périer communique son manuscrit à dom Touttée pour savoir ce qu'il serait intéressant de publier, mais ce projet n'eut pas de suite.

Il ne fut repris qu'en 1728, après sa mort (1713), par le P. Desmolets, de l'Oratoire. Dans *la Continuation des Mémoires*

---

5. Voir appendice 4.

LES ÉDITIONS DE PORT-ROYAL

d'histoire et de littérature, tome V, part. 2, il nous a fait ainsi connaître *l'Entretien avec M. de Saci* et une *Suite des Pensées de M. Pascal,* soit 82 fragments inédits, extraits du manuscrit en question.

Ce *manuscrit Périer* utilisé par la suite par dom Clemencet, Condorcet, Bossut, Sainte-Beuve, Faugère, a été retrouvé et identifié en 1944. Sainte-Beuve, qui l'avait en sa possession, au moment où il préparait ses conférences de Lausanne sur *Port-Royal,* ne semble pas en avoir soupçonné l'origine. Il crut un moment qu'il s'agissait de celui de Brienne.

Et, en 1844, Faugère conjecture dans son édition des *Pensées,* à propos de ce manuscrit qu'il désigne sous le nom de *petit in-8° :*

« Les recueils de ce genre devaient être assez communs parmi les jansénistes et formaient comme un supplément au livre des *Pensées.* »

★

Cependant, en 1727, Colbert de Croissy, évêque de Montpellier — dans l'*Annexe* de sa *Troisième lettre à Mgr de Soissons* — avait déjà révélé au public une série de treize fragments ayant trait à la question des miracles. Ces textes lui avaient été sans doute communiqués par l'un des Pères Guerrier détenteurs des *Copies 9203* et *12449* (copie de la précédente) que Marguerite Périer leur avait données en 1715.

En 1740 enfin, le *Recueil d'Utrecht* insère le *Mémorial,* communiqué par Pierre Guerrier.

A partir de 1730 les éditeurs des *Pensées* auraient donc pu ajouter à leur volume une centaine de nouveaux fragments. Ils ne semblent pas s'en être souciés, mais sans doute la réglementation qui régissait le commerce de la librairie ne leur permettait pas de reproduire ces textes.

Ces textes nouveaux ont permis à Voltaire (en 1738) de joindre quelques *Remarques* à celles qu'il avait déjà faites dans sa XXVe lettre des *Lettres philosophiques.* Le pasteur Boullier répondit à ces remarques dans les *Sentiments de M... sur la critique des Pensées de Pascal par M. de Voltaire.* Amsterdam. 1753.

Ces *sentiments* ont été ajoutés à plusieurs éditions des *Pensées* parues à Amsterdam en 1758-1765-1774.

★

Pour être complet signalons enfin que, vers 1755, dom Clemencet eut à sa disposition le *manuscrit Périer,* qu'il utilisera pour composer son chapitre sur Pascal dans l'*Histoire littéraire de Port-Royal.* Ce chapitre a été publié pour la première fois, en 1933, par Ernest Jovy (Vrin. Paris).

Et c'est également vers le milieu du XVIIIe siècle que le Père Pierre Guerrier rédigera, à l'aide des documents que détenait l'Oratoire de Clermont, les manuscrits *grand in-4°, gros in-4°, 13913* et une partie du *12449.* Ces manuscrits nous ont restitué une dizaine de fragments inédits, surtout polémiques.

IV

DE CONDORCET A FRANTIN
(1776-1835)

En 1776 paraissait à Londres (Paris) une édition des *Pensées* avec le titre *Eloge et Pensées de Pascal*. Des notes de l'éditeur, Condorcet, et des notes prises dans les *Remarques,* faites autrefois par Voltaire, agrémentaient les textes.

Cette édition réalisée à la manière de celle de Port-Royal, c'est-à-dire en faisant un choix parmi les fragments de Pascal, bouleversait totalement l'ordre de présentation.

Les fragments, répartis dans onze articles, ont été sélectionnés selon l'esprit du moment; leur choix invite la lecteur à penser que l'auteur était un sceptique, même un athée.

C'est ainsi que *l'Article 3* est titré :

« Qu'il faudrait croire et pratiquer la religion chrétienne, quand même on ne pourrait la prouver. »

L'Article 5 :
« Que la Religion ne nous donne aucune connaissance démonstrative de l'existence de Dieu, ni de la morale. »

ou encore l'*Article 8 :*
« Que l'homme est un être dégénéré et qu'il a besoin d'une Religion. »

Et l'on pouvait lire cette curieuse note en marge du fragment XXI de *l'Art. 2* (La. 108) :

« On ne manquera pas d'accuser l'éditeur, qui a rassemblé ces pensées éparses, d'être un athée, ennemi de toute morale; mais je prie les auteurs de cette objection, de considérer que ces pensées sont de Pascal et non pas de moi; qu'il les a écrites en toutes lettres; qui si elles sont d'un athée, c'est

Pascal qui était athée, et non pas moi; qu'enfin, puisque Pascal est mort, ce serait peine perdue que de le calomnier.

Il est beau de voir dans cet article M. de V(oltaire) prendre, contre Pascal, la défense de l'existence de Dieu; mais que diront ceux à qui il en coûte tant, pour convenir qu'un vivant puisse avoir raison contre un mort. »

C'était en tout cas une manière singulière de présenter et d'interpréter des textes, que les mutiler de certains passages qui ne cadraient pas avec les thèses que l'on se proposait d'établir. C'est le cas notamment pour les fragments du pari (La. 343) et de l'amour propre (La. 99).

Pourtant Condorcet avait la possibilité de les publier plus complets, puisqu'il a fait son édition en utilisant celle de Port-Royal et le *manuscrit Périer*. Tous les textes inédits qu'il a fait connaître sont pris dans ce manuscrit et non dans le *Recueil Original* (ms. 9202), comme l'ont cru et se sont plu à le répéter tous les commentateurs.

Condorcet n'a pris dans le ms 9202, un bénédictin de Saint-Germain-des-Prés lui en ayant sans doute communiqué le texte conforme, que *le Mémorial*, qu'il dénomme « amulette ». Il s'agit en l'occurrence de la copie du parchemin, trouvé dans le pourpoint de Pascal et enveloppant l'original-papier, transcrite par Louis Périer et collée sur le folio E. Sur cette copie, il est fait mention en effet du martyrologe *romain*, alors que ni l'original-papier, ni le *Recueil d'Utrecht*, ni le *manuscrit Périer* ne font état de ce qualificatif.

Rappelons incidemment que le parchemin sur lequel Pascal avait recopié *le Mémorial* avait été perdu, vers 1690, par un Père carme à qui Louis Périer l'avait prêté.

Cette édition de 1776 enthousiasma Voltaire et dans plusieurs lettres à d'Alembert et de Vaines en 1777, il parle du *Pascal-Condorcet* et de l'*Anti-Pascal*.

Ce fut pour lui l'occasion d'élaborer de nouvelles remarques que l'édition de 1778 enregistra. Cette édition sortie à Paris quelques semaines avant sa mort (30 mai 1778) fut en somme une de ses dernières préoccupations [a].

---

a. Pascal fut également une des dernières préoccupations de Charles Maurras. Cf. *Pascal puni*. Flammarion. Paris. 1953.

Il écrit à de Vaines en avril 1778 :

« Oui, sans doute, Monsieur, les premiers *Pascal-Condorcet* qui viendront du pays étranger seront pour vous. Ce sont deux grands hommes; mais le premier était un fanatique, et le second est un sage. »

Le *Pascal-Condorcet* convenait à l'esprit de l'époque, puisque son succès, si l'on en juge par les rééditions, s'est maintenu jusqu'en 1820.

★

C'est dans un tout autre esprit qu'est conçue l'édition des *Œuvres* de Pascal, en cinq volumes, de 1779, de l'abbé Bossut, à la Haye (Paris), chez Detune (Nyon).

Bien que modifiant, au volume II, la présentation des *Pensées,* telle que l'avait imaginée Port-Royal, elle ne la bouleverse pas dans le détail autant que l'on pourrait le croire. Si l'on constate qu'elle nous présente les textes en distinguant d'une part *les Pensées qui se rapportent à la philosophie, à la morale et aux belles lettres,* et d'autre part *les Pensées immédiatement relatives à la Religion,* on remarque aussi que dix-neuf titres de chapitres sur trente et un sont identiques à ceux de l'édition de Port-Royal.

Dans l'édition des *Grands Ecrivains* (Hachette. 3 vol.) L. Brunschvicg qualifie l'édition Bossut d' « édition originale à certains égards ». Nous estimons cette appréciation trop élogieuse.

Bossut n'a fait connaître que vingt-huit fragments nouveaux.

« Son seul mérite, a écrit V. Cousin, est d'avoir réuni toutes les pensées qui avaient paru depuis 1669. »

Pas toutes exactement; il en a en effet oublié quelques-unes que Desmolets et Condorcet avaient publiées.

Il avait cependant la possibilité de faire une édition des *Pensées,* à peu près intégrale, puisqu'il avait à sa disposition les manuscrits 12449-13913 et le *manuscrit Périer.* Pourquoi ne l'a-t-il pas fait? Ainsi que le dit M. Jean Mesnard,

« le sens critique de Bossut n'était pas aussi grand qu'on l'a parfois prétendu. » [b].

Le succès de l'édition Bossut s'est maintenu pendant plus d'un siècle, car, ainsi que nous le verrons plus loin, elle s'est trouvée reprise et rajeunie par E. Havet en 1852.

★

Les trois éditions — Port-Royal, Condorcet, Bossut — que nous avons rencontrées jusqu'ici ont, en somme, été établies, malgré leurs divergences, de la même manière : faire un choix dans les textes et mettre sous les mêmes titres ceux qui paraissent intéresser les mêmes sujets, l'éditeur se réservant le droit de titrer, comme bon lui semble, sans s'inquiéter des indications laissées par Pascal sur le dessein qu'il poursuivait et l'ordre de son ouvrage.

En 1780 cependant, un éditeur, l'abbé Ducreux, dans une édition intitulée *Pensées et Réflexions extraites de Pascal sur la religion et la morale,* essaya de présenter les fragments dans l'ordre où l'auteur « les aurait mis lui-même s'il les eût destinés au public ».

Ainsi que V. Giraud l'a signalé, il est le premier à être entré dans cette voie, bien avant Frantin, et après le projet infructueux de Port-Royal.

Ce qu'il y a de remarquable dans son essai, c'est que sa présentation [6] nous semble se rapprocher beaucoup plus de l'état dans lequel Pascal nous a laissé ses papiers, que toutes les éditions postérieures qui ont prétendu « suppléer » l'*Apologie*.

Ainsi il a évité les erreurs commises par Frantin qui, dans son édition de 1835, alors qu'il s'imagine reconstituer la présentation des *Pensées* sur la religion « suivant le plan de l'auteur », incor-

---

b. L'ouvrage de M. Jean Mesnard, *Pascal, l'homme et l'œuvre.* Boivin et Cie. Paris 1951, auquel nous renvoyons à diverses reprises, est, en tous points, remarquable.
6. Voir appendice 5.

pore une masse de textes étrangers à l'ouvrage. C'est le cas notamment, parmi les textes connus à cette époque, des *Discours sur la condition des Grands* (rédigé par Nicole), de la *Conversion du pécheur*, de l'*Entretien avec M. de Saci* (rédigé par Fontaine)... etc.

C'est déjà l'écueil contre lequel buteront tous ceux qui ont essayé, par la suite, de réaliser ce que Pascal méditait de faire, en incorporant dans leurs reconstitutions de l'*Apologie* des textes qui, selon l'expression d'E. Périer, « n'y ont nul rapport ».

V

DE VICTOR COUSIN A L'ABBÉ J. DEDIEU
(1842-1937)

L'année 1842 est la grande année pascalienne du siècle.

Cette année-là l'Académie française avait proposé, sans doute à la suggestion de Victor Cousin, comme sujet pour le prix d'éloquence un éloge de Pascal. Le prix fut décerné le 30 juin et partagé entre Bordas-Demoulin et Faugère.

V. Cousin en avait profité, encadrant cette manifestation, pour présenter un *Rapport à l'Académie française sur la nécessité d'une nouvelle édition des Pensées de Pascal,* qu'il lut à ses confrères le 1er de chaque mois entre avril et août.

Ce *Rapport* fut le point de départ d'un profond renouvellement des études qui gravitaient autour de Pascal et, quelles que soient les critiques que l'on peut faire sur des erreurs de fait et d'interprétation, il serait vain de vouloir minimiser l'importance de l'intervention de V. Cousin.

A cette époque, membre de deux académies, pair de France, ancien ministre de l'Instruction publique, directeur de l'Ecole Normale, Victor Cousin ne manquait certes pas de titres pour se faire écouter.

De plus il plaidait éloquemment une cause dont la justesse était indiscutable.

« Que dirait-on, s'écriait-il, si le manuscrit original de Platon était, à la connaissance de tout le monde, dans une bibliothèque publique, et que, au lieu d'y recourir et de réformer le texte convenu sur le texte vrai, les éditeurs continuassent de se copier les uns sur les autres, sans se demander jamais si telle phrase sur laquelle ils disputent, que ceux-ci admirent et que ceux-là censurent, appartient réellement à Platon ? Voilà pourtant ce qui arrive aux *Pensées* de Pascal. Le manuscrit autographe subsiste; il est à la Bibliothèque royale de Paris; chaque éditeur en parle, nul ne le consulte [7], et les éditions se succèdent. Mais prenez la peine d'aller rue de Richelieu, le voyage n'est pas bien long : vous serez effrayés de la différence énorme que le premier regard jeté sur le manuscrit original vous découvrira entre les pensées de Pascal telles qu'elles sont écrites de sa propre main et toutes les éditions, sans en excepter une seule... »

Il n'eut ensuite pas beaucoup de peine pour montrer les imperfections des éditions de Port-Royal et de Bossut et il en arrivait à conseiller, en vue d'une nouvelle édition :

1° de donner un texte exact;

2° de rejeter dans un appendice tous les fragments qui n'ont pas été écrits en vue de l'*Apologie;*

3° d'indiquer clairement les sources de tous les textes.

Il concluait par cet appel :

« Recueillir et faire connaître ces matériaux (*les Pensées*) dans l'état où ils nous sont parvenus est une tâche pieuse que nous avons commencée, qui reste encore à accomplir, et à laquelle nous convions quelque jeune ami des lettres. *Exoriare aliquis!* »

V. Cousin donnait ainsi le signal de départ aux études pascaliennes et son *Rapport* présente pour nous le plus grand intérêt : il nous fait connaître exactement ce que l'on pensait des manuscrits des *Pensées,* autour de 1842.

L'on s'imaginait par exemple que le manuscrit autographe (ms 9202) avait été confectionné de suite après la mort de Pascal, alors que les *Copies* 9203 et 12449 auraient été faites seulement au début du XVIIIe siècle. On ne se rendait pas compte qu'il y avait là une impossibilité; on reconnaît aujourd'hui que, de toute évidence, ce sont les *Copies* qui ont été faites de suite après la mort de Pascal et que le *Recueil Original* a été fait cinquante ans après.

Ce *Rapport* de V. Cousin, qui avait paru dans le *Journal des savants* d'avril à novembre 1842, fut réimprimé en 1843 dans un volume titré : *Des Pensées de Pascal.*

---

7. Voir appendice 6.

On pouvait lire dans l'avant-propos, daté du 15 décembre 1842 :

« Devant ces vices manifestes de *l'édition de Port-Royal* et de celle de Bossut, devant tant d'omissions, de suppositions, d'altérations, je puis dire que la thèse qui fait l'objet de ce *Rapport* est aujourd'hui démontrée, à savoir : la nécessité d'une nouvelle édition des *Pensées*. Donnerai-je un jour cette édition ? Je le désire, je n'ose en répondre; j'en ai du moins posé les fondements. »

Il est assurément normal de démolir ce qui existe lorsqu'on a d'impérieuses raisons pour le faire. C'est très bien également de donner des directives en vue d'une édition nouvelle, mais le plus difficile reste à faire.

Il se trouva alors un jeune ami des lettres qui ne recula pas devant les difficultés d'une pareille entreprise. Prosper Faugère se mit donc immédiatement à l'œuvre et en juin 1844 il présentait au public deux volumes de *Pensées, fragments et lettres de Blaise Pascal, publiés pour la première fois conformément aux manuscrits originaux, en grande partie inédits.*

Dans le cours de son introduction, il écrit :

« La publication (de cette édition) en était urgente, car si le travail de M. Cousin a rendu un important service aux lettres, par cela seul qu'il a appelé l'attention publique sur la réparation due à la mémoire de celui de nos écrivains classiques qui est le premier en date comme en génie; d'un autre côté, il avait, sans le remplacer, fait en quelque sorte disparaître de nos bibliothèques un des plus beaux ouvrages de notre langue. Comme l'a dit un savant professeur de Lausanne (A. Vinet) nous n'avions plus le livre des *Pensées;* il était dans nos bibliothèques sans y être. En effet, les éditions existantes étaient frappées de discrédit, et le lecteur, dans l'embarras de distinguer le langage de Pascal de celui qui lui était étranger, étendait sa méfiance jusqu'aux rares passages où ce langage était demeuré intact. »

En lisant entre les lignes l'on pouvait deviner que les relations entre Cousin et Faugère étaient loin d'être cordiales. Est-ce parce qu'il avait préféré l'appui de Villemain, ministre de l'Instruction publique depuis octobre 1840 dans le cabinet Guizot, alors que Cousin avait détenu ce portefeuille dans le cabinet Thiers de mars à octobre 1840 ? C'est plus que probable.

Nous avons ainsi l'impression que le modeste fonctionnaire du ministère des affaires étrangères n'a pas dû avoir souvent recours, pour son travail, aux lumières de « l'illustre écrivain », ainsi que l'appelle l'abbé Flottes.

L'édition Faugère fut assez bien accueillie d'une manière générale, sauf naturellement par V. Cousin et son entourage.

Faugère l'avait gagné de vitesse. En outre le désir de Cousin de faire une édition des *Pensées* ne pouvait demeurer qu'à l'état de désir, car on n'est pas impunément pair de France et membre de deux académies. Il arrive un moment où les honneurs obligent à renoncer, faute de temps, à tout travail de recherches de quelque envergure, à moins d'avoir un secrétaire qualifié à sa disposition.

Cousin n'avait pas été long à s'en rendre compte, puisqu'au cours d'une polémique qu'il eut avec Faugère, ce dernier nous confie :

« M. Cousin me disait un mois après la publication de son livre (donc au début de 1843) : Je ne ferai pas l'édition de Pascal, parce que c'est un travail trop pénible qui exigerait quatre années; et puis, je l'avoue, il m'est impossible de voir quel ordre on pourrait mettre entre ces milliers de fragments. »

Et le passage de l'avant-propos du 15 décembre 1842, que nous avons reproduit plus haut, s'en est trouvé ainsi modifié, après la parution de l'édition Faugère (on remarquera la substitution de *nous* à *je*) :

« Donnerons-nous un jour cette édition? Nous n'osons en répondre; nous avons du moins posé les fondements. »

Cependant dans un second avant-propos, de décembre 1844, il ne se fait pas faute de signaler qu'il attend encore, malgré l'édition Faugère, celle qu'il avait réclamée :

« Il ne faut pas, écrit-il, adorer superstitieusement tous les restes d'un grand homme (Faugère s'était vanté de n'avoir négligé aucun brouillon)... Un fac-similé n'est point l'édition, à la fois intelligente et fidèle que nous avions demandée et que nous demandons encore. »

En tout cas le travail fourni par Faugère avait été considérable. Sans doute les *Copies* 9203 et 12449 l'ont grandement aidé pour lire les originaux, mais il n'en a pas moins été obligé de déchiffrer une cinquantaine de fragments, absents des *Copies* et inédits.

L'édition Faugère a révélé environ 430 fragments : parmi ceux-ci une centaine avait déjà été signalée par Cousin dans son *Rapport*.

Mais comme Cousin les avait pris sur la *Copie* 12449, et non sur le manuscrit autographe comme il se plaît à le dire, le fragment de Pascal qui est maintenant le plus célèbre — *Le Mystère de Jésus* (La. 739) — lui a échappé. Il a été publié pour la première fois par Faugère, d'après l'original.

Croyant, comme tout le monde le croyait et comme tout le monde l'a cru pendant cent ans, que les papiers de Pascal ont été trouvés dans un complet désordre, Faugère a construit son édition à la manière de Frantin.

Après avoir précisé qu'il a mis à part et rassemblé chronologiquement les fragments étrangers à l'ouvrage que Pascal se proposait de faire, il écrit dans son introduction :

« Au milieu des matériaux confusément épars et incomplets de son ouvrage (*Apologie*) nous nous sommes d'abord efforcé d'en retrouver le plan primitif; nous sommes bientôt resté convaincu que rigoureusement la chose était impossible...
Mais sans prétendre avoir retrouvé l'ordonnance rigoureuse du monument que Pascal se proposait d'élever, nous avons cherché à nous en rapprocher le plus possible; pour cela nous avons fait usage de notes éparses dans le manuscrit autographe des *Pensées* et de la relation qu'Etienne Périer et du Bois de Lacour (il s'agit du *Discours sur les Pensées* de Filleau de la Chaise) ont conservé d'un entretien dans lequel Pascal developpa le plan général de son *Apologie*... »

En fait Faugère a suivi l'ordre indiqué dans le fragment (La. 29) :

★

+

[29] 1. Partie. Misère de l'homme sans Dieu.
2. Partie. Félicité de l'homme avec Dieu.

autrement
1. Part. Que la nature est corrompue, par la nature même.
2. Partie. Qu'il y a un Réparateur, par l'Ecriture.

★

qui montre clairement que Pascal envisageait deux parties dans son ouvrage. Dans chacune de ces parties il a agencé les chapitres en suivant l'exposé de Filleau de la Chaise; certains chapitres reprennent des titres donnés par Pascal lui-même, d'autres ont été imaginés par l'éditeur.

Etant donné que l'agencement rigoureux des fragments s'avérait impossible, comme Faugère le reconnaît sans difficulté, son essai de restauration de l'ouvrage de Pascal ne pouvait qu'aller au devant d'un échec.

Et Sainte-Beuve, qui pourtant entretenait avec Faugère des relations très cordiales, pouvait écrire (*Port-Royal*, III, p. 344, *id.* 1860) :

> « En voulant restituer le livre de Pascal et le rendre à son état primitif, on l'a véritablement ruiné en un certain sens. Ces colonnes ou ces pyramides du désert, comme les appelait Chateaubriand, ne sont plus debout aujourd'hui; on les a religieusement démolies, et l'on s'est attaché à en remettre les pierres comme elles étaient, gisantes à terre, à moitié ensevelies dans la carrière, à moitié taillées dans le bloc. C'est là le résultat le plus net de ce grand travail critique sur les *Pensées*.
> Le livre évidemment, dans son état de décomposition, et percé à jour, comme il est, ne saurait plus avoir aucun effet d'édification sur le public... Est-ce comme cela que Pascal l'aurait entendu ? »

Certainement pas, d'autant plus que certains fragments « édifiants » n'étaient pas destinés à l'*Apologie*. Il en est ainsi, par exemple, du *Mystère de Jésus* que Faugère a été le premier à incorporer dans l'ouvrage en préparation. Depuis, les éditeurs ont suivi et considéré ce fragment comme l'un de ses sommets.

Pour nous cette méditation est absolument étrangère à l'ouvrage que Pascal voulait réaliser. Il l'a écrite au début de 1655 (l'écriture régulière nous invite à le penser) alors qu'il ne prenait pas encore de notes en vue d'un dessein né seulement dans son esprit en août-septembre 1656.

Ensuite nous ne voyons vraiment pas quelle place elle pourrait occuper dans une argumentation qui s'adresse à ceux en qui « la lumière de la foi s'est éteinte ».

Alors que Pascal estime inutile pour eux de prouver « la Divinité par les ouvrages de la nature » (La. 49), nous ne pouvons concevoir qu'il ait été dans ses intentions de le prouver par le *Mystère de Jésus*.

C'est vraisemblablement la plus belle page de notre littérature religieuse, mais ce n'est pas le couronnement de l'*Apologie*.

En tout état de cause l'édition Faugère est la première qui ait mis à la disposition du lecteur le texte authentique et complet, à peu de chose près, des papiers posthumes de Pascal. Cela suffit à sa renommée.

Cependant, après son essai de reconstruction, la question du plan de l'*Apologie* demeurait entière et elle allait être la pierre d'achoppement de tous ceux qui ont voulu l'imaginer dans tous ses détails.

★

Ernest Havet ne s'y est pas laissé prendre et, plutôt que d'échafauder une construction fragile, il a préféré, pour son édition de 1852, retenir, sans grand enthousiasme d'ailleurs, le classement arrêté par Bossut. Il s'est contenté d'éliminer quelques textes et de créer un article 25, dans lequel il a rassemblé les inédits de l'édition Faugère.

En outre, en procédant ainsi, il conservait pour son édition un avantage certain d'ordre commercial, qui n'était pas négligeable.

Il écrit dans son étude préliminaire sur les *Pensées* (p. 16) :

« ...je crois que l'ordre véritable des fragments est impossible à retrouver, pour une raison souveraine, qui est que cet ordre n'a jamais existé, même dans l'esprit de l'auteur...
Toute classification suivie des *Pensées* me paraît donc arbitraire...

« J'ai donc cru que je ne devais pas ajouter une tentative inutile à tant d'autres, et qu'au lieu de donner une classification nouvelle, je ferais mieux d'adopter une de celles qu'on a données avant moi, non comme bonne, mais comme indifférente...

C'est par respect pour (les) habitudes (des lecteurs) que j'ai préféré, parmi les anciennes distributions, celle de Bossut, qui est celle à laquelle on est le plus accoutumé... »

Havet est un commentateur remarquable, quelque peu tendancieux; souvent il n'a pas su comprendre Pascal, mais sa documentation est de premier ordre et elle se retrouve, à juste titre, dans la plupart des éditions qui ont suivi.

Aussi son édition fut-elle très appréciée et son succès s'est maintenu pendant plus de cinquante ans, prolongeant d'autant la survie de l'édition Bossut.

V. Cousin dans une réédition de 1857 de son *Rapport* mentionne dans une note :

« Un digne élève de l'Ecole normale, devenu un maître plein d'autorité, M. Havet, a enfin donné l'édition savante et critique que nous avions demandée. »

Ainsi il n'oublie toujours pas Faugère, mais il oublie de renvoyer au passage de son *Rapport* de 1842 où il dit sans ambages ce qu'il pense de l'édition Bossut :

« On sait qu'elle présente les *Pensées* dans un nouvel ordre entièrement arbitraire que, depuis, les uns ont suivi, les autres ont changé, selon le point de vue également arbitraire où ils se placent. L'ordre de Bossut ne soutient pas le moindre examen : il détruit le dessein même de Pascal, tel qu'il l'avait exposé à ses amis. »

★

Ce que l'on ignore généralement c'est que nous avons été bien près d'avoir, en même temps que l'édition Havet, une édition des *Pensées*, présentée par Sainte-Beuve.

Voici en effet ce que nous lisons dans la *Correspondance générale* de Sainte-Beuve (tome V, 2ᵉ partie, p. 638), annotée par l'un de nos plus éminents érudits, M. Jean Bonnerot :

« Lorsqu'en 1850 la librairie Hachette demanda à S.-B. d'établir une petite édition des *Pensées,* le critique s'adjoignit l'aide de Charles Desguerrois et lui confia probablement le petit manuscrit (le ms. Périer). Mais sa collaboration régulière au *Constitutionnel* puis au *Moniteur* ne lui laissant aucun loisir, il dut renoncer à ce projet. Cependant le texte avait été établi, dont il reste une copie de deux cent soixante-cinq feuillets dans la collection Lovenjoul, sous la cote D. 622 : les circonstances ne permettent pas actuellement (1940-1944) d'en faire l'examen ni la collation. »

Ce renseignement n'a pas échappé à M. Raymond Francis, professeur égyptien à l'Université du Caire, qui a soutenu en Sorbonne, le 21 février 1953, une thèse complémentaire sur

« *les Pensées de Pascal, établies, préfacées par Charles Desguerrois, sous la direction de Sainte-Beuve, documents inédits du fonds Lovenjoul, à Chantilly.* »

Cette thèse dactylographiée, que l'on peut consulter à la Bibliothèque de la Sorbonne (W-1953-13-4°), reproduit en entier l'édition préparée par Desguerrois.

C'était la réalisation d'un projet que Sainte-Beuve avait eu quelques années auparavant, lorsqu'il rédigeait le tome III de son *Port-Royal.*

En effet dans le chap. 21, il s'est essayé à faire une « restauration approximative » de l'*Apologie,* en faisant revivre la conversation que Pascal avait eue à Port-Royal, en 1658, et que Filleau de la Chaise et E. Périer ont rapportée, d'une manière imaginaire, à notre avis.

Sainte-Beuve reconnaît qu'il profite du travail de Frantin, mais sans s'y asservir.

Cependant en juin 1844 avait paru l'édition Faugère.

A son sujet nous relevons dans le *Port-Royal* (éd. 1860, t. III, p. 318) la note suivante, de 1846 sans doute :

« Il ne me paraît pas du tout certain que l'édition actuelle, que nous proclamons la meilleure, soit la définitive. On a eu un bon texte, c'est l'essentiel; mais il y aurait bien à tailler et à rejeter pour que la lecture redevînt un peu suivie et, je dirai même, supportable. »

Cette observation fut certainement enregistrée par Faugère, puisque, en 1848, il donnait à la librairie Delalain des *Pensées choisies de B. Pascal* publiées sur les manuscrits originaux et mises en ordre, à l'usage des lycées et des collèges. Cette édition eut quelques succès; elle en était, en 1883, à son 10ᵉ tirage.

Il faut croire que cette présentation des *Pensées* ne répondait pas à l'idée que s'en faisait Sainte-Beuve puisqu'en 1850, lorsque Hachette lui proposa d'en préparer une, il accepta.

Mais les engagements qu'il prenait avec le *Constitutionnel*, d'assurer un feuilleton littéraire hebdomadaire, ne lui laissant pas le temps de s'en occuper, il en chargea son secrétaire, Charles Desguerrois.

Celui-ci suit dans ses grandes lignes la restauration de l'*Apologie*, imaginée au chap. 21 du *Port-Royal*.

C'est du Frantin, complété par Faugère, avec en filigrane E. Périer.

Après des *Prolégomènes*, dont il est question dans le *Port-Royal*, nous retrouvons les deux divisions :

> Misère de l'homme sans Dieu (5 chapitres);
> Félicité de l'homme avec Dieu (8 chapitres).

Et il nous paraît digne d'être noté que dans la première partie, chap. v : *Divertissement. Misère intérieure de l'homme,* il est réservé une place au pari, qui ne se trouve pas mentionné dans le *Port-Royal*.

Dans la deuxième partie, qui enregistre presque complètement la suite des chapitres de Faugère, il n'est pas fait mention du dernier : *Ordre*.

C'était en effet une singulière idée de la part de Faugère que de le mettre à cette place.

De brefs commentaires souvent tirés du *Port-Royal* ou de la préface d'Etienne Périer enchaînent les chapitres les uns aux autres. Ainsi la lecture peut en être « suivie ».

Ensuite, séparés de l'*Apologie*, nous trouvons divers opuscules, les *Pensées sur l'éloquence et le style* (40 frgts), *les Pensées diverses* (154 frgts)...

Cependant en 1852 Hachette versait à Sainte-Beuve, pour dédommager Desguerrois, 200 francs.

Cette même année paraissait l'édition Havet. De ce fait l'édition envisagée par Hachette ne présentait plus le même intérêt commercial.

Au reste la réalisation Desguerrois donnait-elle satisfaction à Sainte-Beuve ? Nous ne le pensons pas, car rien n'indique qu'il se soit quelque peu soucié de la mettre au point.

Quoi qu'il en soit, en 1858 paraissait chez Hachette l'édition Lahure, en 3 vol., des *Œuvres complètes* de Blaise Pascal.

Au tome I (p. 246), qui contient les *Pensées,* l'éditeur informe le lecteur qu'il a suivi l'ordre de l'édition d'Ernest Havet comme lui paraissant la meilleure.

Les affaires sont les affaires.

★ ★

Au cours des années qui suivirent l'échec de Faugère plusieurs éditeurs s'ingénièrent à présenter les *Pensées* de l'*Apologie,* en les incorporant dans un plan que chacun d'eux croyait être le meilleur.

Astié (1857) propose un « plan nouveau », le chanoine Victor Rocher (1873) « le seul vrai plan de l'auteur », J. B. Jeannin (1883) « le plan de l'auteur », l'abbé Vialard (1886) « le plan de Pascal et des Apologistes », le chanoine Guthlin (1896) « le plan primitif », le chanoine J. Didiot (1896) « l'ordre voulu par l'auteur ».

Naturellement aucune de ces reconstructions n'est satisfaisante, parce que, *a priori,* elle ne peuvent pas l'être. Du moment que le comité de Port-Royal, qui était mieux renseigné que quiconque sur le dessein de Pascal et « son ordre et sa suite pour la distribution des matières », a renoncé à cette manière de présenter les textes, il ne faut pas être surpris qu'aucune d'entre elles n'ait réussi à s'imposer.

Ce n'est pas que chacune prise séparément ne soit pas

intéressante. Il n'est pas rare que l'on rencontre dans celle-ci ou dans celle-là des observations et des remarques dignes d'être retenues.

Ainsi Astié qui a tenté de réaliser une édition théologique (protestante) et populaire a eu l'intuition que les *Pensées sur les miracles* étaient étrangères à l'*Apologie*.

Voici une note qu'il a rédigée en marge (p. 548, 2ᵉ éd., 1883) de son chapitre *Des Miracles* :

« Alors qu'il parle du miracle, Pascal, semble oublier complètement son grand ouvrage, si tant est qu'il y eût encore pensé (voir notre préface), pour ne s'occuper que de la querelle entre les jansénistes et les jésuites. Il nous a été complètement impossible de présenter dans un ordre satisfaisant ces fragments, qui composent d'ailleurs un des chapitres les moins importants des *Pensées*. »

Le chanoine A. Guthlin (1896) confirme ce point de vue en estimant que Pascal destinait ses notes sur les miracles à un opuscule spécial, à une sorte de *Provinciale*. L'abbé Margival (1897), qui suit à peu près pour le classement des textes celui d'Havet, semble penser de même.

Molinier, qui avait donné une excellente édition (1877-1879), d'un caractère plutôt paléographique, et qui pour l'ordre des textes s'était contenté de modifier légèrement celui de Faugère, partageait également cette opinion. En outre Molinier avait très exactement signalé tout ce que les notes de Pascal avaient retenu du *Pugio fidei*.

★

Inévitablement une pareille avalanche de « plans » devait provoquer une assez vive réaction et nous arrivons ainsi aux éditions de G. Michaut (1896) et de L. Brunschvicg (1897-1904).

Dans son édition G. Michaut reproduit purement et simplement « le désordre arbitraire » du manuscrit autographe, soit le *Recueil Original des Pensées* (ms. 9202), dont la reproduction phototypique a été supérieurement réalisée, sous la direction de L. Brunschvicg, en 1905.

G. Michaut justifie ainsi la décision qu'il a prise (introduction, p. 79 et passim) :

> « Les diverses éditions qui ont prétendu restituer l'*Apologie* diffèrent entre elles, non seulement dans les petits détails, mais même dans les grandes lignes...
> N'est-il pas évident qu'en lisant les *Pensées* ordonnées d'après ces idées préconçues, nous ne lisons plus Pascal : à chaque fois c'est du nouveau, puisque « la disposition des matières est nouvelle ». Or on peut croire que, malgré leurs mérites, Pascal n'a pas besoin de la collaboration de ses éditeurs... »

Voilà donc la question, des éditions avec plan, réglée. Restent celles de classement à la manière de Port-Royal et de Bossut.

G. Michaut estime que ces éditions altèrent la physionomie des *Pensées*. A supposer que l'une d'entre elles puisse être parfaite elle rendra moins visible le plan réel de l'*Apologie*. En outre une classification rigoureuse n'est pas possible et ne peut pas être satisfaisante, car une fois la classification arrêtée, l'éditeur « si compétent et si consciencieux qu'il soit » hésitera pour classer tel et tel fragment sous tel et tel titre et sa décision sera arbitraire.

Et il conclut :

> « Ne cherchons point de plan, ne cherchons point de classement, et puisqu'après tout il faut bien un ordre, prenons simplement celui du manuscrit. Cet ordre, je l'avoue, est un désordre et un désordre arbitraire; mais c'est précisément ce qui en fait la supériorité... personne ne vient s'interposer entre Pascal et nous...
> Posséder toutes les pensées et les posséder dans leur confusion originale, cela est indispensable à qui veut étudier et comprendre l'ouvrage de Pascal...
> ...Ainsi la personne de l'éditeur s'efface et le lecteur a sous les yeux les notes de Pascal, dans le désordre où il les a laissées et où les a trouvées Port-Royal. »

Si nous estimons que les critiques adressées par G. Michaut aux éditions des *Pensées,* qu'elles soient « avec plan » ou « de classement », sont justifiées, nous estimons également que son opinion sur la valeur documentaire du *Recueil Original* est erronée.

Le *Recueil* ne nous présente pas les notes de Pascal « dans le désordre où il les a laissées » à sa mort, survenue le 19 août 1662; il nous les présente dans le désordre où elles se trouvaient en 1710-1711, c'est-à-dire au moment où le *Recueil* a été fait. Nous n'avons donc pas les *Pensées* « dans leur confusion originale ». Entre l'ordre dans lequel Pascal a laissé ses papiers à sa mort et le désordre dans lequel on les trouve sur le *Recueil* un certain nombre de personnes sont venues s'interposer : les copistes, la famille Périer, l'auteur du *Recueil* et le relieur.

G. Michaut ignorait tout cela et son opinion sur le *Recueil* n'avait guère progressé sur celle qu'avait émise, plus de cinquante ans auparavant, Victor Cousin. Ce n'est du reste que récemment que cette question assez complexe des manuscrits des *Pensées* a été élucidée.

L'édition Michaut, si elle n'apporte pas la solution que son éditeur escomptait, n'en présente pas moins un très grand intérêt : celui de nous mettre sous les yeux l'état dans lequel se trouvaient les papiers de Pascal en 1710, état qui a certainement conservé des vestiges de leur état de 1662.

Il s'agissait donc de retrouver ce premier état, qui a été à coup sûr enregistré, puisque Etienne Périer nous dit catégoriquement dans la préface de l'édition de Port-Royal :

« La première chose que l'on fit (après la mort de Pascal) fut de les faire copier (les fragments) tels qu'ils étaient et dans la même confusion qu'on les avait trouvés... »

Et ceci nous amène à nouveau à insister sur l'erreur d'observation commise, par G. Michaut et L. Brunschvicg, à ce propos.

Ces éditeurs ne se sont pas rendu compte que la *Copie 9203*, qui se trouve à la Bibliothèque nationale, est la *Copie* dont parle Etienne Périer; qu'elle a été faite de suite après la mort de Pascal, qu'elle nous donne l'état dans lequel ses papiers ont été trouvés et qu'elle a servi au comité de Port-Royal pour établir l'édition de 1670.

G. Michaut et L. Brunschvicg croyaient que la *Copie 9203* représentait un premier état de cette édition, que les textes classés dans un ordre « simple et rationnel » l'avaient été par les membres du comité et que les papiers non classés représentaient les textes que le comité « se proposait d'éliminer ». Quant à la *Copie* dont parle E. Périer elle aurait disparu sans laisser de traces.

Rappelons donc encore brièvement les raisons pour lesquelles la *Copie 9203* est la *Copie* dont parle Etienne Périer. D'abord l'édition de Port-Royal retient plus de textes de la partie non classée que de la partie classée. Ensuite, comme l'a signalé Tourneur, si le classement avait été l'œuvre du comité il aurait été bien plus complet et le copiste se serait abstenu de porter des indications qui montrent qu'il respecte rigoureusement la place initiale occupée par les fragments. On retrouve enfin dans le *Recueil Original* de très nombreux vestiges, certains très importants, du classement de *la Copie*.

Si la *Copie 9203* était la véritable *Copie,* avait écrit L. Brunschvicg,

« cette *Copie* constituerait en fait la première et la plus fidèle édition des *Pensées*, d'une autorité supérieure pour l'ordre des pensées au *Recueil Original*. »

Il en est bien ainsi. Tourneur en a eu plus tard l'intuition et pour notre part nous croyons l'avoir démontré.

L. Brunschvicg, qui avait pressenti l'autorité indiscutable de *la Copie,* n'a donc pas saisi l'occasion qui s'offrait à lui, pour donner une édition des *Pensées* (1897-1904) qui aurait échappé à toutes les critiques que l'on peut lui adresser aujourd'hui.

En se ralliant à une édition de classement, dont les inconvénients avaient été signalés un an auparavant par G. Michaut, il a faussé « le plan réel de l'Apologie ».

Sans doute sa manière de grouper les textes montre qu'il possédait de remarquables qualités pédagogiques. Lorsqu'il prétend présenter la pensée de Pascal dans sa « continuité logique » il a peut-être raison, mais il ne nous présente certainement pas les *Pensées* dans leur continuité logique.

Quoi qu'il en soit, l'édition Brunschvicg occupa bientôt une place prédominante, à tel point que toute une génération l'a considérée comme définitive et « classique ». La place éminente qu'il occupa dans l'Université, la réputation faite à son édition contribuèrent malheureusement à stopper toute recherche. Sans aucun doute l'élite des professeurs considérait le problème des *Pensées* comme résolu.

C'est ainsi que Ch. M. des Granges croyait (ce texte est encore reproduit dans l'édition Garnier de 1941) pouvoir affirmer :

« En voilà pour bien des années, et à moins d'y mettre de l'esprit de parti ou de contradiction, il faudra se résoudre à adopter ce texte et à suivre cet ordre. »

Le succès de l'édition Brunschvicg a donc rendu les éditeurs plus timides et le premier tiers du xxe siècle a vu moins de tentatives que le dernier tiers du xixe.

★

A. Gazier (1907) a eu l'idée de rajeunir l'*édition de Port-Royal*, en la complétant avec les textes qu'elle n'avait pas retenus à l'origine, pour une raison ou pour une autre. Il en profita pour éliminer les gloses que les premiers éditeurs avaient cru bon d'ajouter, selon l'usage du temps. Ernest Jovy lui en a fait le reproche, sans arguments valables du reste.

Cette édition donne évidemment une idée plus exacte du dessein poursuivi par Pascal que celle de L. Brunschvicg.

Ce dessein est encore plus nettement mis en valeur dans l'édition de J. Chevalier (1925), axée, comme le sera celle de H. Massis (1930), sur le *Discours sur les Pensées* de Filleau.

Pour le groupement des textes ces éditions, selon la remarque de M. Jean Mesnard, demeurent tributaires de l'édition Brunschvicg.

Toutefois l'édition Chevalier a eu le mérite d'avoir été la première à mettre le pari à sa place dans l'*Apologie,* c'est-à-dire au début de la seconde partie, alors que les autres éditeurs l'avaient mis tantôt à l'introduction, tantôt à la conclusion.

Mais cette édition n'a pas réussi à éviter les erreurs dans lesquelles tombent inévitablement les éditions à plan : utiliser des notes qui n'ont pas été prises en vue de l'ouvrage projeté, disperser des fragments qui doivent demeurer ensemble (Cf. La. 15), accoler des notes qui, quoique figurant sur le même papier original, n'ont pas de rapport immédiat entre elles, l'auteur les ayant séparées d'un trait.

Il faut dire, à la décharge de l'éditeur, que la signification de ces traits et la méthode suivie par Pascal pour prendre ses notes n'ont été vraiment comprises que tout récemment.

Quant à l'édition Massis (1930) elle ne semble pas avoir apporté quelque chose de nouveau; elle se permet toutefois de prendre, pour la présentation des textes, certaines libertés qui surprennent. Ainsi page 387 nous relevons le fragment suivant :

★

(La. 789.) « Je les ai relus depuis, car je ne les avais pas su... »
(La. 817.) « Je vous ai querellés en parlant pour les autres. »

★

Ce sont deux phrases sélectionnées, extraites de deux papiers absolument différents. En les accolant on essaye de leur faire dire ce qu'elles n'ont jamais voulu dire dans le contexte où elles se trouvent.

Cette fois les « éclaircissements » présentés par l'édition de Port-Royal sont dépassés.

★

Vers la même époque deux autres éditeurs, F. Strowski (1931) et l'abbé Dedieu (1937), ont essayé de se dégager de l'influence de L. Brunschvicg et de Filleau de la Chaise pour entreprendre quelque chose de nouveau.

Ce que F. Strowski a imaginé est à coup sûr original.

« Si ce n'était pas une façon de parler trop ambitieuse, écrit-il dans son introduction, je dirais que j'ai considéré tous ces fragments dans le cerveau de Pascal vivant et que j'ai essayé de déterminer la place qu'ils y prenaient d'eux-mêmes, avec leurs liaisons et leurs ramifications. »

Et comme Pascal vivant garde ses habitudes intellectuelles, il continue :

« Son esprit, dans les sciences, ne s'éparpille jamais à la quête d'un grand nombre d'idées diverses, mais se ramasse autour d'un petit nombre de pensées centrales; ces centres sont tout à fait distincts les uns des autres; ils ne proviennent pas les uns des autres, mais ils se rejoignent par leurs rayons. »

En relisant le manuscrit, F. Strowski a donc cru trouver dans les *Pensées* cinq « centres ou noyaux typiques », autour desquels Pascal a médité.

Pour agglomérer les fragments à tel ou tel « centre » l'éditeur prétend ne négliger aucun indice matériel, que ce soit le papier ou l'écriture. Malheureusement les observations qu'il croit devoir présenter sont plutôt d'un romancier que d'un expert.

Ainsi il estime que Pascal prenait de grandes feuilles pour écrire des morceaux un peu développés, des papiers plus petits quand il préparait des plans ou qu'il voulait seulement évoquer et réunir les idées, le premier papier venu lorsqu'il voulait noter au passage une pensée fugitive, une image, une métaphore, une formule saisissante. Voici même des précisions :

« Plusieurs fois il a utilisé les marges d'un registre de comptes tout réglé (répété par Tourneur); d'autres fois un dos de lettre (signalé par Brunschvicg). »

F. Strowski ne semble pas avoir songé un seul instant — et pourtant lui aussi prenait des notes en vue des ouvrages qu'il a composés — combien il était invraisemblable de penser que Pascal commençait par déterminer l'importance linéaire de la note qu'il allait prendre, pour choisir ensuite un papier d'une dimension adéquate.

La réalité est beaucoup plus simple. Pascal prenait ses notes sur de grandes feuilles de papier et les bouts de papier de toutes dimensions, inférieures aux grandes feuilles, proviennent du découpage qu'il a fait lui-même de ces feuilles.

Quant aux notes prises, soi-disant, dans les marges d'un registre de comptes, elles ont été prises sur au moins deux grandes feuilles que l'on peut en partie reconstituer. Et la note prise au dos d'une lettre, elle, l'a été par sa sœur Gilberte Périer (La. 478); sa dimension est appréciable : 23 cm $\times$ 24 cm.

Ailleurs F. Strowski nous apprend qu'en écrivant Pascal ne perd jamais la tête.

« Sauf dans des fragments particulièrement hâtifs où on le devine pressé, écrit-il, il semble calculer à l'avance le nombre de mots et presque celui des lettres selon la place dont il dispose. »

Nous ne mettons pas en doute le talent de calculateur de Pascal, mais nous croyons que la remarque faite par F. Strowski provient tout simplement de ce que les papiers ont été rognés lors de la confection du *Recueil Original,* l'opérateur, pour gagner de la place, ayant fait tomber les surfaces non écrites. Nous ne ferons du reste aucune difficulté pour reconnaître que Pascal a parfois resserré son écriture, mais c'est tout simplement parce qu'il approchait du bas de la page et qu'il voulait peut-être éviter d'entamer une autre grande feuille pour une ou deux lignes.

Tourneur a violemment critiqué cette édition en raison de son trop grand nombre d'erreurs de lecture. C'était évidemment regrettable, mais c'était plus ou moins le cas de toutes les éditions de l'époque. Ce qui, à notre avis, était beaucoup plus grave c'était d'avoir incorporé dans l'*Apologie* les *Trois Discours sur la condition des Grands* (rédigés par Nicole) et un chapitre de *Spongia solis* et de *Miscellanée,* en accompagnant l'expression *Spongia solis* d'une interprétation pour le moins discutable.

Selon lui les *spongia solis* sont

« des maximes qui absorbent sous un petit volume beaucoup de lumière et la rendent quand on en presse les termes. »

M. R. Jasinski a très judicieusement expliqué que ce titre, qui précède le fragment (La. 922), est une allusion à une pierre phosphoreuse (pierre de Bologne), baptisée ainsi par Casciarolo qui l'a découverte en 1604. A cette époque cette découverte a remis en question toute la physique de la lumière.

L'édition Strowski n'était donc pas « définitive », ainsi qu'il était mentionné sur sa couverture, et si au cours d'une de nos premières études de 1944 nous l'avons classée parmi les éditions savantes, nous croyons qu'à ce moment-là nous étions encore insuffisamment renseigné.

★ ★

Avec l'édition Dedieu (1937) nous avons l'impression de nous rapprocher de ce qu'aurait pu être l'ouvrage de Pascal, puisque c'est un de ses fragments qui sert de fondement à sa construction.

(La. 37.) « La vraie nature de l'homme, son vrai bien, et la vraie vertu et la vraie religion, sont choses dont la connaissance est inséparable. »

Ce fragment semble délimiter exactement la ligne de faîte de l'ouvrage projeté par Pascal, mais il eût été préférable, à notre avis, d'en choisir un autre, celui que Sainte-Beuve avait signalé comme indiquant « l'ordre principal » de son livre, et qui se trouvait avoir été enfilé le premier, ainsi qu'on l'a constaté récemment, dans la liasse *Ordre*.

★

[35] (*Divi*) Ordre.
Les hommes ont mépris pour la religion. Ils en ont haine et peur qu'elle soit vraie. Pour guérir cela il faut recommencer par montrer que la religion (*n'est point*) n'est point contraire à la raison. (*ensuite qu'elle n'aie point*) Vénérable, en donner respect.
La rendre ensuite aimable, faire souhaiter aux bons qu'elle fût vraie et puis montrer qu'elle (*fut*) est vraie.
Vénérable parce qu'elle a bien connu l'homme.
Aimable parce qu'elle (*ensei*) promet le vrai bien.

★

Quoi qu'il en soit l'édition Dedieu mérite de retenir l'attention à plus d'un titre, surtout par les commentaires qui l'accompagnent; elle nous montre notamment comment l'*Apologie* de Pascal s'insère dans l'histoire de l'apologétique chrétienne.

★ ★

Nous ne croyons pas devoir passer sous silence deux éditions des *Pensées,* quoiqu'incomplètes, celle du R. P. Dieux (1927) et celle de Maurice Souriau (1935).

L'une a pour titre : « *Pascal mis au service de ceux qui cherchent* » et l'autre : « *Les Pensées catholiques de Pascal.* »

Elles illustrent, chacune à leur manière, jusqu'à quel point les *Pensées* sont devenues un jeu de construction, qui permet les réalisations les plus diverses.

Elles laissent, toutes deux, à peu près entièrement de côté les fragments polémiques, ou plus exactement ceux que L. Brunschvicg a classés sous cette dénomination.

Nous en retiendrons un seul exemple. Cet éditeur rapproche tel texte des *Provinciales,* estimant qu'il s'agit d'une allusion à la condamnation d'Arnauld en Sorbonne grâce à l'apport massif des bulletins de vote de trente-sept moines, alors que Pascal enregistre simplement un exemple de la vanité humaine.

Pascal a en effet classé, intentionnellement, dans son chapitre *Vanité* la note suivante :

(La. 55) « Un bout de capuchon arme 25.000 moines. »

Aujourd'hui il pourrait écrire :

— Un bout de ruban agite 100.000 hommes.

Le R. P. Dieux justifie de la manière suivante la construction qu'il a entreprise.

« Je pris la petite édition Brunschvicg comme étant pour moi la plus pratique. Armé d'une paire de ciseaux je découpai toutes les pensées et les jetai en vrac dans un tiroir, après avoir écarté soigneusement tous les passages que Pascal avait rayés. Puis je les tirai au hasard, sans idée préconçue, m'efforçant de les classer d'après les procédés de la méthode d'observation, allant du simple au composé, du matériel au spirituel, du dehors au dedans, du présent au passé, etc... Je fus amené ainsi à délaisser nombre de pensées qui paraissaient étrangères ou impropres.

Ce premier travail étant terminé, j'ai cherché, guidé par les règles de l'éloquence, et autant qu'il m'était possible, à marier les deux ordres, celui de la science et celui de l'art, pour trouver l'ordonnance finale, appropriée au but que je me proposais... faire une apologétique pratique... »

Cette « apologétique pratique » n'était assurément pas celle de Pascal. Le R. P. Dieux n'a du reste pas la prétention d'en avoir reconstitué le plan; c'est pourquoi son essai ne peut être que sympathique. Dans ces conditions il y aurait mauvaise grâce à lui reprocher d'avoir utilisé des fragments étrangers à l'*Apologie*, et d'en avoir omis au moins une trentaine qui lui étaient destinés, de l'avis de Pascal lui-même.

★ ★

Avec Maurice Souriau nous reprenons contact avec un éminent universitaire, auteur d'un *Pascal* (1897) qui pendant quelques années a fait autorité et école.

Dans cet ouvrage, curieux à plus d'un titre, il insiste sur le jansénisme des *Pensées*. Pour lui l'*Apologie* n'aurait pas été celle du catholicisme, mais du jansénisme.

Il écrit :

« ...ses *Pensées* sont surtout une exposition du jansénisme exaspéré, un nouvel *Augustinus* revu et considérablement aggravé. S'il avait eu le temps de terminer son livre, nous sommes maintenant en droit d'affirmer que, dans la partie dogmatique, il aurait tenté de montrer dans les jansénistes les seuls vrais disciples de Jésus; dans une partie agressive, dans une polémique ardente, il se serait acharné à convaincre le grand public que les adversaires de Port-Royal n'étaient pas de véritables chrétiens...

« ...l'esprit des *Provinciales* souffle plus fort que jamais dans les *Pensées*...

« ...il fait la psychologie du roi pour en tirer quelque conclusion pratique, utile dans le débat, dans la lutte de Port-Royal contre le pouvoir civil...

« Même en admettant l'interprétation traditionnelle des *Pensées*, comme point de départ, comme plan initial, il faut ajouter que Pascal a dû modifier ses batteries pour suivre un ennemi qui se déplace... »

Etc... etc...

Et Maurice Souriau couronne toutes ces considérations avec une page dont il est inutile de souligner la résonance romantique. En fait l'auteur de l'*Histoire du romantisme en France* ne serait-il pas l'un de ses derniers représentants dans la section de l'histoire religieuse ?

« A la reconstitution traditionnelle de l'*Apologie*, qui en faisait une superbe église gothique, originale, audacieuse, illuminée par de larges et éclatantes verrières, grande ouverte à la foule des fidèles, qu'elle appelle par le chœur de ses cloches sonnant gaîment à toute volée, je propose de substituer la vision suivante : le monument achevé se dresse devant nous, formidable, comme une abbaye du moyen âge : moitié temple et moitié forteresse. On prie à l'intérieur, dans des cryptes où d'étroites ouvertures, meurtrières plutôt que fenêtres, laissent filtrer une lueur triste; mais surtout la garnison, peu nombreuse, se bat en désespérée contre l'ennemi du dehors, tandis que du beffroi tombe comme un gémissement la note lugubre du glas. Ce n'est pas la bannière fleurdelysée de l'Eglise qui flotte sur le donjon; c'est le drapeau noir du jansénisme... »

Maurice Souriau est en somme un romancier qui s'ignore. Mais voici que quarante ans après il nous présente une *Apologie* traditionnelle dans ses *Pensées catholiques de Pascal* (1935). Aurait-il modifié sa manière de voir ? Certainement pas, puisqu'au cours de son introduction et dans quelques notes il accentue ses anciennes critiques en les renforçant de celles plus récentes d'Ernest Jovy. Il n'est pas allé toutefois jusqu'à utiliser les accusations imaginées par Félix Mathieu : il se contente de les ignorer.

Alors pourquoi cette *Apologie* traditionnelle ? Maurice Souriau se serait-il aperçu que Pascal pouvait être plus orthodoxe qu'il ne l'avait pensé jusque-là ? Et en présentant l'*Apologie* d'après le plan esquissé par Etienne Périer, de préférence à celui de Filleau, (alors que le premier n'a fait que résumer le second), s'est-il rendu compte qu'il faisait disparaître le mythe de l'*Apologie* d'un janséniste exaspéré ?

En rejetant hors de l'*Apologie* toutes les notes violentes destinées aux *Provinciales*, à une *Lettre sur les miracles*, à divers factums... Maurice Souriau ne se doutait pas qu'il faisait ce qu'avait déjà fait Pascal, certainement mieux que lui.

La *Copie 9203,* qui nous donne l'état dans lequel ont été trouvés ses papiers, nous montre en effet que les fragments, classés sous 27 rubriques, destinés à l'*Apologie* ne retiennent aucun fragment polémique.

Les fragments destinés à une *Lettre sur les miracles,* dont le but était de répondre aux attaques dont le miracle de la Sainte-Epine était l'objet, constituaient une liasse particulière, qui est demeurée dans l'état où elle se trouvait à fin 1658, sans avoir été utilisée.

Puisque Maurice Souriau était dans de si bonnes dispositions et en si bonne voie, pourquoi a-t-il négligé certaines notes, comme (La. 770, 771, 772)? Il est vrai qu'Ernest Jovy était tout surpris de les retrouver dans les papiers de Pascal, tant elles étaient orthodoxes ; à tel point qu'il s'étonnait même de constater qu'elles n'aient pas été supprimées par les héritiers.

Heureusement que les documents correctement interprétés finissent, malgré tout, par dissiper les nuages amoncelés par près de trois siècles de polémiques.

Un autre thème que Maurice Souriau soutient avec conviction, c'est celui des plans successifs de l'*Apologie*. Rien, dans les papiers laissés par Pascal, ne permet de l'étayer.

Ainsi que nous l'avons déjà signalé les fragments qu'il a rédigés en 1657-1658 montrent que dès le début il savait exactement ce qu'il voulait faire et ceux qu'il a dictés en 1661-1662 prouvent qu'il n'avait encore rien modifié des grandes lignes de son ouvrage.

Qu'aurait-il fait ensuite s'il eût vécu dix ans de plus? nous l'ignorons. Maurice Souriau imagine que Pascal aurait tenté ceci, fait cela... Nous ne sommes pas assez savant pour lui répondre.

★ ★

VI

DES ÉDITIONS TOURNEUR AUX ÉDITIONS LAFUMA
(1938-1952)

A partir de 1935, ainsi que l'a écrit M. Jean Mesnard, l'Université perd la direction des études pascaliennes, qu'elle contrôlait depuis près de cent ans, c'est-à-dire depuis l'intervention de Victor Cousin.

L'initiative passait aux érudits.

Deux articles parus dans le *Mercure de France,* les 15 janvier et 15 mai 1934, sous la signature de Zacharie Tourneur avaient suffi pour provoquer ce changement.

Grâce à ces deux articles Tourneur avait réussi à alerter le public lettré. N'étant ni riche, ni titré — c'est lui qui le précise — il a réalisé là un tour de force, car, à cette époque, où l'on se plaisait à célébrer la liberté de parler et de penser, celle d'écrire et surtout de publier était souvent conditionnée par le nombre de billets de banque dont on pouvait disposer ou de la situation que l'on occupait. En outre lorsqu'une voix nouvelle vient s'élever contre des opinions reçues il faut qu'elle ait raison d'une manière indiscutable pour éveiller l'attention.

Donc dans *le Massacre des Pensées de Pascal* et *l'Art d'interpréter les textes* Tourneur s'en prenait spécialement à l'édition Strowski et par ricochet à celle de L. Brunschvicg.

Remarquons qu'il ne s'agit, à ce moment-là, à peu près que d'erreurs de lecture et des conséquences qui en découlent.

Il écrit :

« Il m'avait semblé que l'édition Brunschvicg (1904) contenait plus de trois cents fautes de lecture. L'édition Strowski en a corrigé près de quatre-vingt-dix... mais...

> ...je rencontre en outre environ quatre cent soixante-dix erreurs nouvelles, que l'édition Brunschvicg ne contenait pas et qui viennent fâcheusement gâter les quelques améliorations dont nous pouvions tirer espoir et confiance... »

Et Tourneur de les énumérer, en partie, dans cinq pages de textes serrés; puis, à l'instar de Victor Cousin, il lance cet appel :

> « Ne se trouvera-t-il pas enfin un éditeur qui ne publie les *Pensées de Pascal* qu'après s'être entouré de toutes les garanties nécessaires, parmi lesquelles je compte pour rien les titres académiques et la notoriété?... »

Dans *l'Art d'interpréter les textes* il revient à la charge :

> « Le public qui n'a ni le temps, ni le moyen d'aller à la Bibliothèque Nationale ou d'examiner la reproduction en phototypie du manuscrit autographe peut se croire autorisé à donner sa confiance à un membre de l'Institut; et c'est ainsi que les erreurs s'accréditent. D'autre part, si quelque travailleur, moins titré mais mieux préparé et plus consciencieux, veut, à son tour, publier, sur le même sujet, les résultats de ses longues et patientes recherches, les entrepreneurs de l'édition, qui ne regardent trop souvent — et c'est tout naturel — que le succès commercial de l'opération, lui fermeront la porte au nez. »

Et puisqu'on avait émis des réserves sur les corrections qu'il a proposées, pour faire court (et se réserver l'utilisation de son travail en vue d'une édition éventuelle) il choisit une vingtaine d'exemples et il montre l'importance de ses nouvelles lectures pour l'intelligence du texte.

Aussi se croit-il autorisé à conclure :

> « Je crois que ces quelques exemples suffisent pour montrer aux moins avertis l'importance et la valeur des corrections que j'ai proposées et qui sont de nature à modifier assez profondément le texte donné par les éditions des *Pensées* de Pascal. »

Comme il ne suffit pas de démolir, mais qu'il faut également reconstruire, on l'attendait « sur le chantier ». Tourneur réussit enfin à sortir, en mars 1938, aux Editions de Cluny, les *Pensées* en deux volumes.

Cette édition avait ceci de remarquable : pour la première fois les textes étaient présentés à peu près dans l'état où *la Copie 9203* nous les fait connaître. C'est ce que, en premier lieu, le comité de l'édition de Port-Royal avait pensé faire et il est curieux que Tourneur ne l'ait pas signalé, à cette occasion.

Dans sa préface il justifie son choix en indiquant que *la Copie* présente les fragments dans un état antérieur à celui du *Recueil*.

« Certains textes, écrit-il, mutilés dans le *Recueil* sont intégralement reproduits dans la *Copie;* ce qui prouve qu'elle est antérieure à la confection du Recueil. »

Il fait ensuite les observations suivantes que nous avons déjà eu l'occasion de signaler au sujet :

1° du classement de la première partie de *la Copie*, qui n'est pas l'œuvre des premiers éditeurs, parce qu'il aurait été plus complet;

2° d'une ébauche de classement amorcé par Pascal, puisqu'il fait allusion dans des fragments à des chapitres, à des articles...

3° du respect du copiste pour l'état dans lequel les papiers ont été trouvés, puisqu'il lui arrive de signaler ce qu'il croit être des anomalies.

4° du classement logique qui ne correspond plus exactement à l'ordre chronologique de la rédaction.

Et il termine ainsi son exposé :

« Si, comme l'avait soupçonné L. Brunschvicg et comme je le crois, le groupement qu'elle (*la Copie*) produit est de Pascal lui-même, il a une valeur incomparable. C'est pourquoi, le premier parmi les éditeurs des *Pensées* je m'en suis inspiré de très près, quoique sans m'y astreindre servilement dans les moindres détails, quand l'intelligence et l'homogénéité du texte m'ont paru devoir y gagner. »

Ainsi, puisque Tourneur croyait que le groupement que reproduit *la Copie* — aussi bien les textes classés que les autres — était de Pascal, il est quelque peu surprenant qu'il n'ait pas respecté scrupuleusement cette présentation.

Son édition se présente en effet de la manière suivante :

Première Partie. — —   Copie p. 1. à 186.

Seconde Partie. Section   I. Textes non retenus par les copistes.
Section II. *Copie* p. 313 à 472.
Section III. *Copie* p. 191 à 308.

avec cette réserve :

« Je ne me dissimule pas la part d'arbitraire qu'elle contient; mais, si le lecteur, plus soucieux de chronologie que de logique, n'accorde pas à la première partie *la primauté que j'ai peut-être eu tort de lui laisser*, il lui sera toujours loisible de l'intercaler entre la section I et la section III de la seconde partie, c'est-à-dire entre les textes les plus anciens en date et les textes de même destination, sinon de même époque. »

En somme Tourneur n'était pas encore très sûr de lui-même, et c'est sans doute pour cela qu'il n'a pas réussi — son manque de clarté et les circonstances défavorables y sont aussi pour quelque chose — à convaincre le lecteur de ce qu'il y avait d'indiscutable dans les affirmations qu'il formulait.

Dans *l'édition paléographique,* sortie en 1942, il semble en effet ne plus croire à la primauté de sa *Première Partie* (classement logique), puisqu'il présente les textes ainsi :

— Textes non retenus par les copistes.
— Pensées diverses.   (*Copie* p. 313-430).
— Pensées sur les miracles. (*Copie* p. 439-472).
— Pensées sur la religion. (*Copie* p. 1-308).

Il croyait, en somme, présenter les *Pensées* dans leur ordre chronologique et sa manière d'ordonner les textes nous laisse croire qu'il estimait — comme Etienne Périer — que Pascal avait rédigé ses pensées sur la religion entre 1659 et 1662.

De plus dans cette édition il s'est abstenu de reproduire les fragments connus seulement grâce à *la Copie*, parce que, dit-il, « leur lecture est facile et leur authenticité restreinte. » Passe encore pour leur lecture, mais, pour nous, leur authenticité est aussi certaine que celle des originaux, à quelques erreurs de déchiffrement près.

Quelques menus détails de cette édition de 1942 nous indiquent en outre que Tourneur n'avait pas réfléchi à la méthode suivie par Pascal pour prendre ses notes et pour confectionner ses liasses.
Ainsi page 74 nous relevons ceci :

[................................]

avec en note :

« En haut de la page un texte a été retranché par les ciseaux. »

Tourneur croyait que le texte en question était perdu (comme plusieurs autres qu'il signale de la même manière) alors qu'il se trouve vraisemblablement sur un autre bout de papier. C'est par centaines que des textes ont été retranchés — plus exactement séparés — par les ciseaux : ils n'en existent pas moins pour cela.

A propos d'une phrase du *Mystère de Jésus*, il met en note (p. 21) :

« Cette dernière phrase a été séparée de la précédente, qu'elle suit sur la même ligne, par un trait vertical, qui semble indiquer, *pour l'imprimeur,* un nouvel alinéa. »

Ce trait indique sans doute cela pour Pascal lui-même, mais en le traçant il ne songeait certainement pas à l'imprimeur.

Dans son édition de 1938, Tourneur s'est donné la peine (ou le plaisir) de signaler les lectures fautives de l'édition Brunschvicg. Cependant ce dernier, à cette date, avait déjà tenu compte en partie des nouvelles lectures signalées en 1934 dans le *Mercure de France*.

Malgré le soin apporté à donner un texte sûr il n'a pu éviter lui aussi, comme tout éditeur, de laisser passer quelques coquilles : ainsi dès la première page on peut relever *Rédempteur* au lieu de *Réparateur*.

Enfin au cours de sa préface, il montre qu'il est quelque peu brouillé avec la chronologie, bien que celle-ci semble le préoccuper tout spécialement.

Il fait mourir Marguerite Périer en 1726 au lieu de 1733; il place la rage de dents de Pascal (*la Roulette*) en 1657 au lieu de 1658; il date le privilège des *Pensées* du 27 septembre 1666 au lieu de décembre; il donne 70 ans à Louis Périer en 1711 alors qu'il n'a que soixante ans; il fait transcrire des textes par Jacqueline Pascal alors que celle-ci est cloîtrée à Port-Royal; il fait transférer, en 1790, de Saint-Germain-des-Prés à la Bibliothèque du roi, le *Recueil Original* et *la Copie,* alors que ce transfert s'est fait après août 1794... etc...

Il ne s'est pas aperçu que dans les papiers classés il y avait une liasse titrée : *Commencement...*

Mais tout ceci n'est pas bien grave et ne diminue en rien la valeur de certaines de ses intuitions. Quel est du reste l'éditeur des *Pensées* qui peut se vanter de n'avoir pas commis des erreurs matérielles ou de n'avoir pas mis en circulation des interprétations discutables? Soyons donc plus indulgent à son égard qu'il ne l'a été pour ses prédécesseurs.

Une note que Tourneur a rédigée le 1ᵉʳ août 1942, après la parution de son édition paléographique, montre qu'il poursuit toujours ses recherches : il progresse lentement sur la voie de l'exactitude.

En parlant de *la Copie 9203* il estime que son classement

« paraît bien correspondre exactement à l'ordre même où les papiers de Pascal ont été trouvés aussitôt après sa mort, sauf de légers dérangements qui ont pu survenir au cours de manipulations et de voyages. »

Il reconnaît que les éditeurs de 1670 avaient songé à la reproduire, et il lui semble que c'est bien *la Copie* dont parle Etienne Périer.

Il lui paraît fort probable, sinon certain, que le classement donné par *la Copie* soit l'œuvre de Pascal lui-même, et qu'elle nous présente les textes dans l'ordre de leur rédaction primitive...

Mais ainsi que l'a remarqué M. Jean Mesnard :

« Tourneur a formulé des hypothèses sans les démontrer, et, dans tous ses travaux, l'intuition profonde voisine toujours avec l'erreur manifeste. »

Il n'en a pas moins fait faire un pas décisif aux éditions des *Pensées*.

Il restait cependant à démontrer que certaines intuitions de Tourneur étaient proches de la réalité. C'est ce que nous avons essayé de faire d'une manière aussi détaillée et précise que possible, au cours des études que nous avons publiées depuis 1947.

Nous avons en effet présenté une série de constatations — certaines ont été pressenties par nos prédécesseurs — dont nous avons fait état au cours de notre exposé. Nous croyons qu'il n'est pas inutile de les rappeler, puisqu'elles justifient les éditions que nous avons eu la témérité de soumettre au jugement du public lettré.

1° Pascal prenait ses notes sur de grandes feuilles de papier; il traçait en tête de page une petite croix et il séparait d'un trait les fragments qui n'avaient pas un rapport immédiat entre eux.

2° Il a découpé lui-même ses notes pour les classer; il a vraisemblablement fait ce commencement de classement avant sa conférence à Port-Royal, qui eut lieu, à notre avis, en octobre-novembre 1658.

3° *La Copie 9203* a été faite tout de suite après la mort de Pascal et elle nous présente les papiers dans l'état où on les a trouvés.

4° Cette *Copie* n'est pas un premier état de l'*édition de Port-Royal*, comme le pensaient G. Michaut et L. Brunschvicg; c'est bien la *Copie* dont parle Etienne Périer dans la préface de cette édition.

5° Cette *Copie* nous présente des papiers classés et des papiers non classés, parce que Pascal, dès la fin de 1658, n'a plus été capable, en raison de son état « d'anéantissement », de continuer son classement. Après la conférence à Port-Royal ce classement ne présentait plus un caractère d'urgence puisque, d'après Etienne Périer, son oncle envisageait qu'il lui faudrait dix ans pour terminer son ouvrage.

6° Il y a dans les papiers non classés une liasse sur les *Miracles* que Pascal avait préparée pour répondre aux attaques dont le miracle de la Sainte-Epine était l'objet; ces notes, prises de septembre 1656 à novembre 1657, étaient destinées non à l'*Apologie* mais à une lettre qu'il aurait présentée à la manière des *Provin-*

ciales. Cet écrit n'a pas été perdu, comme le pensait dom Clemencet : il n'a jamais été rédigé.

7° Le comité de Port-Royal a préparé l'édition des *Pensées* de 1670, en utilisant seulement *la Copie,* les originaux étant conservés par la famille Périer.

8° Le *Recueil Original* a été fait sous la surveillance de Louis Périer, en 1710-1711, à Bienassis près de Clermont et il a été déposé broché à Saint-Germain-des-Prés. Il n'est pas l'œuvre d'ouvriers maladroits dirigés par un bibliothécaire inintelligent.

9° Celui qui a fait le *Recueil Original* a rogné les papiers pour gagner de la place. Les textes mutilés ou perdus (entre 1663 et 1710) ont été enregistrés intégralement sur *la Copie.*

10° Le *Discours sur les Pensées* a été rédigé en 1667 par Filleau de la Chaise en suivant *la Copie,* qu'il avait à sa disposition comme membre du comité de Port-Royal. Il utilise des textes postérieurs à la conférence de 1658 qu'il prétend rapporter.

11° Le plan de l'ouvrage de Pascal donné par Etienne Périer dans la préface de l'édition de Port-Royal n'est qu'un résumé du *Discours* de Filleau.

12° Le *Mystère de Jésus* n'a pas été communiqué aux copistes, ni au comité de Port-Royal. C'est une méditation, écrite vraisemblablement au début de 1655, alors que Pascal ne prenait pas encore de notes en vue de son *Apologie*. Elle ne lui était donc pas destinée; elle n'aurait du reste, pour nous servir d'une expression de Gilberte Périer, ni confondu, ni convaincu les libertins.

C'est en tenant compte de ces constatations que nous avons établi *l'édition Lafuma* (2ᵉ éd. Delmas 1952).

Dans cette édition nous respectons scrupuleusement les chapitres (liasses) des papiers classés par Pascal et nous les complétons avec des textes non classés, qui nous paraissent convenir plus particulièrement à tel ou tel chapitre.

L'on pourra évidemment discuter l'attribution de tels textes à tel ou tel chapitre et estimer qu'ils seraient mieux placés ailleurs.

Cette remarque intéresse à la rigueur une dizaine de textes, car Charron (une des sources de Pascal) a déjà répondu à cette objection lorsqu'il écrit dans *De la Sagesse*, 4ᵉ Considération (éd. 1632, p. 177) :

« Or nous considérons icy l'homme plus au vif que nous n'avons encores faict, et le pincerons où il ne se démangeait pas, et rapporterons tout à ces cinq points : *Vanité, Faiblesse, Inconstance, Misère, Présomption*, qui sont les plus naturelles et universelles qualitez : mais les deux dernières le touchent de plus près. Au reste il y a des choses communes à plusieurs des cinq, que l'on ne scait bien à laquelle l'attribuer plutost, et spécialement la faiblesse et la misère. »

Au sujet de l'agencement logique des vingt-huit chapitres (en fait il y en a seulement vingt-sept, car dans l'un deux il n'y a aucun fragment classé) mentionnés sur la première page de *la Copie 9203*, nous avions cru tout d'abord que c'était peut-être l'œuvre de Nicole ou d'Arnauld qui avaient assisté à la conférence de 1658 de Pascal, au cours de laquelle il exposa le plan et le dessein de son ouvrage.

Nous inclinons maintenant à penser, pour diverses raisons, que cette suite ordonnée a été établie par Pascal lui-même [8].

Ainsi Etienne Périer écrit dans la préface de l'édition de Port-Royal :

« Au reste, il ne faut pas s'étonner si, dans le peu qu'on en donne, on n'a pas gardé *son ordre* et *sa suite* pour la distribution des matières. »

Il y avait donc un ordre et une suite dans les papiers posthumes de Pascal, tout au moins dans une partie de ceux qui avaient été écrits en vue de son ouvrage sur la religion.

Il semble également difficile de contester que la table des matières reproduite (à deux reprises) par *la Copie* l'ait été d'après un document autographe que le copiste ne songe pas à modifier.

Ainsi pour un chapitre elle donne deux titres : *Opinions du peuple saines* et *Raisons des effets*. Or le premier de ces titres est barré : donc le copiste reproduit bien ce qu'il a sous les yeux.

En outre un chapitre, *La nature est corrompue*, mentionné entre celui de *Transition de la connaissance de l'homme à Dieu* et celui de *Fausseté des autres religions*, ne figure pas dans le cours de *la Copie*. C'est que sans doute Pascal, au moment où il s'est

---

8. Voir appendice 8.

arrêté de classer, n'avait pas encore commencé à enfiler des papiers destinés à cette liasse.

On peut remarquer en effet que deux fragments portent ce titre :

(La. 601.) — « *La nature est corrompue.* Sans Jésus-Christ il faut que l'homme soit dans le vice et dans la misère; avec Jésus-Christ, l'homme est exempt de vice et de misère. En lui est toute notre vertu et toute notre félicité. Hors de lui, il n'y a que vice, misères, erreurs, ténèbres, mort, désespoir. »

(La. 132.) — « *Nature corrompue.* — L'homme n'agit point par la raison qui fait son être. »

et qu'un autre y fait allusion :

(La. 42.) — « *Ordre.* Après la « *corruption* » dire : Il est juste que tous ceux qui sont en cet état le connaissent; et ceux qui s'y plaisent, et ceux qui s'y déplaisent; mais il n'est pas juste que tous voient la rédemption. »

Ces fragments se trouvent naturellement dans les papiers non classés, avec d'autres qui, comme (La. 130 — La. 145), développent le même thème.

Dans l'*édition Lafuma* (Delmas 2ᵉ éd.) nous avons très nettement séparé les fragments destinés à l'*Apologie* (Section I), de ceux qui lui sont étrangers (Section II). Cette discrimination permet de constater que l'*Apologie* en retient les deux tiers, dans lesquels il n'y a pas trace de polémique.

Avec l'*édition M. S.* (3 vol., Paris 1951), nous croyons avoir mis à la disposition des pascaliens tout ce que les manuscrits — les *Copies* et le *Recueil Original* — nous font connaître des papiers de Pascal : l'ordre dans lequel il les a laissés et leur état.

Nous avons en somme essayé de réaliser une édition de *la Copie* (complétée avec les fragments connus par d'autres sources) dans le même esprit que G. Michaut avait réalisé la sienne d'après le *Recueil Original*.

Il est ainsi très facile de se rendre compte si tel texte figure sur *la Copie* ou s'il n'y est pas. Un simple coup d'œil permet de voir si tel fragment est seul, ou s'il en avoisine d'autres sur le même papier, s'il y a entre eux des traits de séparation..., etc.

A l'occasion de cette *édition M. S.* nous avons relu, plusieurs fois, d'aussi près que possible tous les originaux, en nous aidant naturellement de l'édition paléographique de Tourneur. Ainsi tous les mots et passages rayés par Pascal sont enregistrés. Ceci permet de suivre ses hésitations en cours de rédaction et de voir que sa pensée est toujours en avance sur sa plume, pourtant extrêmement rapide.

Deux volumes de notes et de documents accompagnent les textes.

Les notes ne sont que documentaires; elles permettent de suivre les lectures de Pascal, qu'il s'agisse de la Bible, de Montaigne, de Grotius, de Charron, de saint Augustin..., etc.

Nous n'ignorons pas la sécheresse de ces notes et nous appelons de nos vœux celui (ou l'équipe) qui, armé d'une compétence philosophique, théologique, mathématique, historique et littéraire, nous donnera enfin les commentaires que méritent les *Pensées*, en balayant les légendes et les interprétations fantaisistes, ou tendancieuses, ou mal intentionnées qui ont trop facilement cours.

Les documents sont présentés en suivant l'ordre chronologique. Nous estimons qu'ils éclairent d'une manière toute particulière l'histoire des *Pensées* et qu'ils faciliteront des recherches ultérieures.

★

En même temps que les éditions Lafuma (*Delmas* 1re et 2e éd.) et M. S. paraissait à Londres l'édition bilingue du Docteur H. F. Stewart (1950).

C'était le fruit de vingt-cinq années de travail. Dès 1920 en effet, le Dr Stewart avait pensé qu'en suivant ligne à ligne le *Discours sur les Pensées* de Filleau il pourrait établir un classement qui respecterait rigoureusement celui de Pascal.

Il reprenait tout simplement une remarque faite par Sainte-Beuve dans son *Port-Royal* (III, ch. XXI) :

« On a une esquisse assez exacte du plan que se proposait Pascal par la conversation de deux ou trois heures, dont les principaux chefs sont rapportés dans la Préface d'Etienne Périer et dans celle de M. de la Chaise. C'est cette conversation qu'il s'agit de retrouver et de faire revivre; et on le peut en quelque sorte, si l'on use bien des pensées nombreuses qui sont encore la parole vibrante de Pascal, *si on les classe avec suite* et qu'on les ramène dans l'aperçu qu'on a du plan général : on aura alors tout un abrégé lumineux. Et ce n'est pas là une reconstruction conjecturale, c'est une restauration approximative. »

En fait le Dr Stewart — et Sainte-Beuve — avaient en partie raison, puisque Filleau a suivi le classement de Pascal, enregistré par *la Copie*.

Mais l'intermédiaire qui les renseigne, Filleau, manque de précision et de concision. On peut aisément s'en apercevoir en comparant les éditions Stewart (1950) et Chevalier (1923), établies d'après le même document. Ainsi sur les cinquante premiers fragments présentés de part et d'autre, dix seulement leur sont communs.

Enfin en rattachant un certain nombre de textes aux *Trois Discours sur la condition des Grands* et au *Discours sur les passions de l'amour* [9] le Dr Stewart nous invite à penser qu'il n'a pas dépassé le stade atteint par Cousin, Faugère et L. Brunschvicg.

---

9. Voir appendice 9. — Le Dr Stewart n'est cependant pas persuadé que le *Discours* soit de Pascal.

VII

CONCLUSION

C'est en somme une histoire assez singulière que celle des *Pensées* de Pascal, puisqu'il s'agit d'un livre considéré comme un des chefs-d'œuvre de notre littérature.

Il est curieux de constater que trois siècles après la mort de son auteur ce livre n'a pas encore trouvé sa forme définitive, et qu'il ne la trouvera d'une manière complète vraisemblablement jamais. Il est vrai qu'il ne faut pas oublier qu'il s'agit non pas d'un livre, mais de notes prises en vue de le réaliser.

En tout cas il nous semble que de son histoire on peut dégager quelques leçons.

Tout d'abord, et c'est l'évidence même, toute étude historique ou littéraire ne présente quelque intérêt que si son auteur a pris la peine de remonter aux sources.

Ensuite l'expérience nous apprend qu'il faut se défier de toute idée préconçue et qu'il faut tout vérifier : surtout lorsqu'il s'agit d'affirmations qui s'abritent sous des noms que la renommée a claironnés aux quatre coins du monde, puisque depuis un siècle nous vivons sous le signe de la publicité.

Enfin l'histoire littéraire — comme les sciences — se construit avec des hypothèses. Tout ce que l'on peut espérer c'est que les dernières hypothèses présentées seront meilleures que les précédentes.

Et elles sont effectivement meilleures lorsqu'elles éliminent la plupart des objections et réduisent à sa plus simple expression la part de l'imagination.

Nous avons l'impression que, depuis quelques années, surtout en ce qui concerne la présentation des *Pensées,* cette part s'est trouvée considérablement réduite. De nouvelles découvertes la réduiront sans doute encore, estime M. Jean Mesnard.

Les papiers de Pascal n'ont certainement pas révélé tous leurs secrets.

Ainsi n'existerait-il pas un certain classement, même dans les papiers non classés?

Et les filigranes? Tourneur a amorcé cette question. Peut-on espérer en tirer quelques indications quant à la date de rédaction de tel et tel fragment? c'est plus que probable.

Il reste aussi à examiner méthodiquement l'écriture de Pascal, qui à notre avis présente des caractéristiques différentes en 1656-58 et en 1661.

Enfin ne serait-il pas intéressant d'identifier ses secrétaires bénévoles?

Il y a donc encore du travail en perspective pour *les chiffonniers de l'histoire,* nous voulons dire pour les érudits.

Les recherches des érudits ne semblent pas avoir été inutiles, puisqu'ils ont réussi à faire passer l'*Apologie* du plan philosophique à son véritable plan, le plan religieux.

Nous laissons donc maintenant la parole aux philosophes et aux théologiens, en escomptant que, dans leurs commentaires, la vérité voisinera avec la sérénité.

Et nous souhaitons qu'ils soient parfaitement informés, car il nous semble qu'il faut être bien grand, sinon pour apprécier, du moins pour juger Pascal.

APPENDICE 1

LA LETTRE SUR LES MIRACLES

Il semble indiscutable que les fragments rassemblés dans les séries XXXI, XXXII, XXXIII de *la Copie* et non classés étaient destinés à la rédaction d'une lettre, à la manière des *Provinciales,* dont le but était de répondre aux attaques dont le miracle de la Sainte-Epine était l'objet.

Ces fragments ont été rédigés entre septembre 1656 et novembre 1657, et s'entremêlent avec des notes prises en vue des *Provinciales* (à partir de la 12e, datée du 9 sept. 1656), des *Ecrits sur la Grâce* et de l'*Apologie*.

Cette chronologie est inscrite dans les textes.

L'on sait que dans les *Provinciales* Pascal s'adresse d'abord à un provincial de ses amis (*Monsieur*); ensuite, de la 11e à la 16e, soit du 2 août au 4 décembre 1656, il s'adresse aux Révérends Pères Jésuites (*Mes Révérends Pères*); enfin à partir de la 17e, du 23 janvier 1657, au Révérend Père Annat (*Mon Révérend Père*).

Or, dans les fragments sur les miracles, on peut constater qu'il s'adresse d'abord aux Pères Jésuites et ensuite au Père Annat. Voici les textes :

(La. 892.) — ...*Mes Révérends Pères,* tout cela se passait en figures. Les autres religions périssent; celle-là ne périt point.
(La. 878.) — ...Que vous êtes aise de savoir les règles générales, pensant par là jeter le trouble, et rendre tout inutile! On vous en empêchera, *mon Père :* la vérité est une et ferme.

Par conséquent la rédaction de (La. 892) est postérieure au 2 août 1656 et celle de (La. 878) au 23 janvier 1657.

Ce n'est donc pas pour nous une surprise de constater que, dans les séries non classées XXXII et XXXIII, qui rassemblent les papiers sur les miracles, le fragment (La. 892) a été enfilé avant le fragment (La. 878).

Enfin il n'est pas sans intérêt de signaler que le fragment (La. 873), qui porte le titre de *Commencement,* se trouve avoir été enfilé le dernier. Pascal confirme ainsi une de ses remarques :

« La dernière chose qu'on trouve en faisant un ouvrage est de savoir celle qu'il faut mettre la première (La. 8). »

Appendice 2

LA LETTRE DE GILBERTE PÉRIER AU Dr VALLANT

(B. N. f. fr. 17050. fol. 408).

Ce 1er avril 1670.

Je commence, Monsieur, par la plainte que je fais de ce que vous ne m'avez pas donné une adresse seure pour vous escrire. Je vous suplie de ne plus l'oublier, car je prétens d'avoir l'honneur de le faire souvent, puisque je n'ay plus que vous à qui je puisse demander des nouvelles de Madame la Marquise, et que vous n'écrivez que quand on vous en prie. J'ay été fort touchée de la mort de Mlle de Chalais. C'estoit une personne d'un très rare mérite, mais sa vie si languissante et depuis si longtems doit consoler de sa mort. Je m'aperçois présentement que j'ay mal pris mon papier; je vous en demande pardon, et je vous prie de trouver bon que je ne recommence pas sur un autre. Je vois que Madame la Marquise tesmoigne de désirer de sçavoir qui a fait la préface de nostre livre. Je vous suplie de luy dire que c'est mon fils qui l'a faite, mais je la suplie très humblement de n'en rien tesmoigner à personne; je n'excepte rien et je vous demande la mesme grâce et afin que vous en sçachiez la raison, je vous dirai toute l'histoire. Vous sçavez que M. de la Chaise en avoit fait une qui estoit asseurement fort belle, mais comme il ne nous en avoit rien communiqué nous fusmes bien surpris lorsque nous la vismes, de ce qu'elle ne contenoit rien de toutes les choses que nous voulions dire, et qu'elle en contenoit plusieurs que nous ne voulions pas dire. Cela obligea M. Périer de lui escrire pour le prier de trouver bon qu'on y changeast ou qu'on en fit une autre, et M. Périer se resolust, en effet, d'en faire une, mais comme il n'a jamais un moment de loisir, après avoir bien attendu, comme il vit que le tems pressoit il manda ses intentions à mon fils et lui ordonna de la faire. Cependant comme mon fils voyoit que ce procédé faisoit de la peine à M. de R (oannez), à M. de la Chaise et aux autres, il ne se vanta point de cela et fit comme si cette préface estoit venue d'ici toute faitte. Ainsy vous voyez bien que, entre toutes les raisons qu'ils prétendent avoir de se plaindre, cette finesse dont mon fils a usé les choqueroit asseurement.

. . . .

Je suis, Monsieur, votre très humble et très obéissante servante.

G. Pascal.

(Nous avons rétabli la ponctuation.)

Sainte-Beuve a découvert ce document, dans les *Portefeuilles Vallant,* en 1836. Il le publia seulement, vers juin 1846, dans le tome III de son *Port-Royal.*

Cousin, qui l'ignorait, écrit en 1843 dans l'avant-propos de l'édition de son *Rapport à l'Académie :*

« C'est l'abbé Périer qui a fait la préface, on le sait certainement. »

Dans les éditions postérieures à 1846 il rectifie :

« C'est Etienne Périer qui a fait la préface, on le sait certainement. »

Et partout où il faisait allusion à l'abbé Périer il corrige en mettant Etienne Périer ou le jeune Périer.

Mais il se garde bien de signaler que c'est Sainte-Beuve qui a découvert le document décisif.

Victor Cousin était coutumier du fait et Sainte-Beuve ne se gêna pas pour le lui dire, à l'occasion d'un article qu'il écrivit le 1ᵉʳ septembre 1853 sur les *Maximes* de la Rochefoucauld :

« Il a fait des découvertes réelles, bien qu'il les ait un peu exagérées dans le principe; mais à lui tout est permis, et il a, par son talent d'écrivain et *par ses retouches successives,* des manières de compenser ou de réparer, et, *une fois averti,* des empressements à rentrer dans le vrai, qui ne retirent rien aux effets d'un premier éclat. »

Et plus loin :

« Il pousse l'amour-propre littéraire jusqu'à l'extrême petitesse et au procédé sordide, en refusant à un devancier et à un confrère la modeste mention qui lui est due...

. . . .

« ...Ces réserves morales qu'on fait sur le caractère de M. Cousin laissent subsister tous les éloges qui sont dus à son merveilleux esprit et à son grand talent; mais on est affranchi désormais envers lui d'une admiration par trop respectueuse. »

APPENDICE 3

LES TEXTES SIGNALÉS DANS LA *COPIE 9203*
PAR LES LETTRES B., M., R. (numérotation Lafuma)

B. (Bon.)

Edition de 1670 : 415.
Edition de 1678 : 14 - 17 - 95 - 138 - 167 - 195 - 257 - 289 - 310 - 314 - 318 - 375 - 389 - 406 - 455 - 459 - 509 - 517 - 550 - 641 - 675 - 703 - 736 - 753 - 809 - 935 - 967 - 968.
Non retenus : 32 - 124 - 139 - 290 - 374 - 419 - 426 - 453 - 518 - 611 - 700 - 752 - 891 - 911 - 925 - 970.

M. (Mauvais.)

Edition de 1670 : 36 - 106 - 334.
Edition de 1678 : 96 - 324 - 509 - 584 - 699 - 942.
Non retenus : 19 - 30 - 88 - 123 - 127 - 333 - 343 - 446 - 450.

R. (à rejeter ou à réserver.)

Edition de 1670 : 178.
Non retenus : 171 - 174 - 175 - 179 - 185 - 390.

Appendice 4

LA CONFECTION DU *RECUEIL ORIGINAL* (ms. 9202)

Léon Brunschvicg et Fortunat Strowski se sont montrés assez sévères pour celui qui a fait le *Recueil Original*.

Ils l'ont accusé (L. Brunschvicg) d'avoir « découpé, au ras de l'écriture, des feuilles volantes en une infinité de petits morceaux » et de les avoir mis (F. Strowski) « côte à côte sur le même folio », alors qu'ils n'avaient aucun rapport entre eux.

En l'occurrence il s'agit des pages 23 - 39 - 63 - 79 - 83 - 427 du *Recueil Original*, signalées expressément par L. Brunschvicg.

Lorsqu'on y regarde de plus près on s'aperçoit que celui qui a fait le *Recueil Original* a tout simplement collé les papiers comme ils se présentaient à lui, souvent dans l'état où *la Copie* nous les donne, c'est-à-dire dans l'état où on les a trouvés.

Ainsi p. 23 il y en a 7 sur 8 de la liasse 2
p. 39 — 7 sur 9 — 19
p. 63 — 9 sur 12 — 12
p. 79 — 9 sur 10 — 2
p. 83 — 10 sur 10 — 2
p. 427 — 10 sur 11 de la série XXV.

APPENDICE 5

LA TABLE DES MATIÈRES DE L'ÉDITION DES *PENSÉES*
DE L'ABBÉ DUCREUX (1785)

Tome I

1. Connaissance générale de l'homme.
2. Grandeur de l'homme.
3. Vanité de l'homme.
4. Faiblesse de l'homme.
5. Misère de l'homme.
6. Contrariétés qui sont dans l'homme.
7. Injustice et corruption de l'homme.
8. Caractères de la véritable religion.
9. Usage de la raison.
10. Pensées d'un homme qui commence à lire l'Ecriture.
11. Les Juifs.

Tome II

12. Mélange de lumière et d'obscurité.
13. Moïse, la Loi, les Figures.
14. Jésus-Christ.
15. Les Miracles.
16. Folie et déraison de l'incrédulité.
17. Inconséquence de ceux qui ne croient pas.
18. Pensées diverses.

Appendice 6

LES ÉDITIONS DES *PENSÉES* DE RENOUARD (1803-1812)

Victor Cousin a raison de signaler que les éditeurs des *Pensées* ne se préoccupaient pas du manuscrit autographe. Certains cependant n'en ignoraient pas l'existence.

C'est ainsi que Renouard écrit dans l'Avertissement de son édition de 1803 (B. N. D. 46993) en 2 vol. :

« Les pensées inédites qui s'y trouvent imprimées pour la première fois sont véritablement publiées d'après les manuscrits originaux, et font indubitablement partie de celles que les premiers éditeurs n'avaient pas cru devoir adopter... »

Et il insiste dans une note placée à la fin de son article 3, rejeté à la fin du deuxième volume :

« Les additions importantes qui se trouvent dans le 5ᵉ paragraphe de cet article ont été prises sur le manuscrit original de Pascal, qui, probablement, n'avait point été consulté, pour cet endroit, depuis la première édition des *Pensées*. R. »

A ce propos Faugère signale qu'il s'agit de l'addition de cinq à six pensées nouvelles prises dans le manuscrit autographe ou dans *la Copie*, Tourneur parle d'un texte inédit.

Nous avons l'impression que ni l'un, ni l'autre ne sont remontés à la source. La question ne présente évidemment pas un intérêt majeur, mais cet exemple nous montre une fois de plus que Faugère et Tourneur ne poussaient pas leur curiosité jusqu'au bout. Ils n'avaient déjà pas examiné de près les inédits publiés par Desmolets et Colbert de Croissy, qui en valaient cependant la peine.

Cet article 3 dans lequel Renouard a inséré une dizaine de lignes inédites est un amalgame du chapitre VII de l'édition de Port-Royal et de l'article v de Condorcet.

(Comme Condorcet il reproduit à cette occasion une glose d'une douzaine de lignes des premiers éditeurs, et il ne semble pas qu'il se soit préoccupé d'en rechercher la trace dans les manuscrits.)

Ces dix lignes inédites, Renouard les a, sans aucun doute, tirées de *la Copie*.

« Sans *la Copie,* écrit-il dans l'avertissement de l'édition de 1812, (BN. D. 46994), il serait très difficile, sinon impossible de faire usage de l'original... »

Surtout que les dix lignes en question sont prises dans le pari — La. 343 — dont le déchiffrement présente de réelles difficultés.

L'article 3 de Renouard a pour titre :

« Qu'il est difficile de démontrer l'existence de Dieu par les lumières naturelles, mais que le plus sûr est de les croire. »

Il est à rapprocher de celui du chap. VII de l'édition de Port-Royal :

« Qu'il est plus avantageux de croire que de ne pas croire ce qu'enseigne la Religion chrétienne. »

et de celui de l'art. 5 de Condorcet :

« Que la raison ne nous donne aucune connaissance démonstrative de l'existence de Dieu, ni de la morale. »

Signalons enfin que Renouard écrit dans l'avertissement de l'édition de 1812, en parlant du *Recueil Original* et de *la Copie :*

« L'un et l'autre porte aussi beaucoup d'autres traces d'écriture au crayon rouge, à la plume, en chiffres, en grandes lettres. Ces marques faites pour se retrouver dans quelque édition, ou peut-être pour l'usage de la personne qui les aura tracées, ne m'ont pas semblé assez importantes pour chercher à en deviner l'intention. »

C'était en somme une manière élégante d'éluder certaines difficultés, tout en sauvant la face.

APPENDICE 7

LA TABLE DES MATIÈRES DE L'ÉDITION DES *PENSÉES* PRÉPARÉE PAR CH. DESGUERROIS SECRÉTAIRE DE SAINTE-BEUVE (1850-1852)

Apologie.

Prolégomènes :

ARTICLE PREMIER. — Devoir d'étudier la religion.
ART. 2. — Preuves qu'il convient d'opposer aux incrédules. Méthode.

Misère de l'homme sans Dieu.

1° Disproportion de l'homme.
2° Grandeur et misère de l'homme.
3° Les puissances trompeuses : ARTICLE PREMIER : Imagination.
                                ART. 2 : Amour-propre.
4° Du vrai Bien et de la justice.
5° Divertissement. Misère intérieure de l'homme.

Félicité de l'homme avec Dieu.

1° Marques de la vraie religion.
2° Moyens d'y arriver.
3° Image d'un homme qui s'est lassé de chercher Dieu par le seul raisonnement. Le peuple juif.
4° Des miracles.

5° Des figures.
6° Des prophéties.
7° De Jésus-Christ.
8° De la religion chrétienne.

— Conversation sur Epictète et Montaigne.
— Conversion du pécheur.
— Pensées sur la Mort. (Lettre sur la mort d'E. Pascal.)
— Préface sur le traité du vide.
— De l'esprit géométrique.
— Art de persuader.
— Pensées sur l'éloquence et le style.
— Pensées diverses.
— Pensées extraites des lettres de Pascal.
— Fragments sur le Pape et l'Eglise.
— Comparaison des chrétiens des premiers temps avec ceux d'aujourd'hui.

P. S. — Nous avons pris connaissance de cette table des matières dans la thèse dactylographiée que M. Francis Raymond a consacrée à cette édition. (Cf. Biblio. Sorbonne. — W, 1953-13.)

Appendice 8

LES TITRES DES LIASSES DES PAPIERS CLASSÉS SONT-ILS DE PASCAL ?

Puisque nous estimons que l'ordre et la suite des liasses classées est l'œuvre de Pascal, il va de soi que nous estimons également qu'il est l'auteur des titres de ces liasses.

L'examen des documents originaux nous donne de précieuses indications à ce sujet.

Ainsi dans des fragments classés il est fait mention de trois chapitres : *Fondements, Figuratifs, Perpétuité.*

« (La. 430.) — Il faut mettre au chapitre des *Fondements* ce qui est en celui des *Figuratifs*, touchant la cause des figures...

« (La. 363.) — Voyez les deux sortes d'hommes dans le titre *Perpétuité.* »

Sur un autre fragment, qui n'est pas de sa main (La. 682) et qu'il a classé dans le dossier *Morale chrétienne*, il a écrit, de sa main, au verso : « Voyez *Perpétuité.* » Cette indication semblerait avoir été portée par Pascal, au moment même où il classait ce fragment.

Ensuite sur les 28 titres mentionnés par *la Copie* on en rencontre au moins 19 reproduits sur les fragments, certains fréquemment répétés :

« *Ordre. — Vanité. — Misère. — Grandeur.* — etc... »

On retrouve enfin dans le *Recueil Original* 9 petits morceaux de papier (petits parce que rognés), portant des titres qui devaient provenir, à notre avis, de bandes entourant les liasses.

Page 15. Figures particulières.
— 21. Misère de l'homme.
— 29. Figures.
— 39. Preuves de J.-C. par l'Ecriture.
— 43. Fondements de la Religion et réponse aux objections.
— 47. Titres particuliers.
—   Connaissance de l'homme. — 6-9. — Suite de sance de l'homme.
— 49. Preuves de J.-C. 19. 20. 21-32.
— 79. Vanité de l'homme.

On peut remarquer que le titre *Connaissance de l'homme* est devenu, dans l'édition de Port-Royal : XXII. *Connaissance générale de l'homme,* alors que le titre mentionné sur *la Copie* est : *Transition de la connaissance de l'homme à Dieu.*

Ces titres relevés dans le *Recueil Original* sont-ils de la main de Pascal? C'est possible, et nous souhaitons qu'un jour un graphologue qualifié vienne nous fixer à ce sujet.

Appendice 9

POST-SCRIPTUM
AU « DISCOURS SUR LES PASSIONS DE L'AMOUR »

Dans l'étude que nous avons donnée sur le *Discours* en 1949 [1], nous avons exposé les raisons qui nous ont amené à conclure qu'il n'était pas de Pascal et qu'il ne pouvait pas être de Pascal.

Nous estimons que ce *Discours* n'était en somme qu'un recueil de réponses et de réflexions faites, surtout, en marge des *Maximes d'amour* que Bussy-Rabutin avait mises et remises en circulation.

De nouvelles constatations sont venues nous confirmer dans cette opinion. Elles écartent du même coup les réserves que certains critiques avaient cru pouvoir faire au sujet de la chronologie de quelques-unes de ces maximes.

*

Nous sommes en 1664, soit deux ans après la mort de Pascal. Voici ce que nous apprend M. Gérard Gailly [2] :

« Sur ces entrefaites, Bussy-Rabutin faillit encore être arrêté par ordre du roi, à Fontainebleau. Cette fois, il le sut. Heureusement, les bons offices de Madame Henriette d'Angleterre, son amie éloquente, et du duc de Saint Aignan radoucirent le roi qui s'en montra satisfait. Et, comme Bussy, en guise de consolation, avait écrit des *Maximes d'Amour,* de même que jadis, pour se consoler d'autres peines, il avait ébauché une traduction des *Remedia*

---

1. *Revue d'Histoire littéraire.* Avril-juin 1949.
2. *Bussy-Rabutin.* Paris. Librairie ancienne Honoré Champion. 1909. p. 83.

Amoris d'Ovide, Louis XIV voulut les lire à la duchesse de Vallière. Il les demanda donc à leur auteur, qui éclata d'une joie imprévoyante.

Monsieur, Madame de Montausier, la jeune Louise de Rochechouart, marquise de Montespan, avouèrent aussi leur curiosité; et Bussy fut convié à venir, en personne, leur lire ces *Maximes d'Amour*. Ce fut une partie spirituelle : Bussy lisait d'abord la question de la maxime; chacun donnait son avis, et il arrivait presque toujours que celui de Madame de Montespan coïncidât avec les développements poétiques du gentilhomme. »

Naturellement ces maximes furent très vite ébruitées dans les salons de la ville.

En 1666 Mme de la Suze[3] et le *Recueil de Rouen*[4] en font connaître 87 : la plupart sont de Bussy-Rabutin. Il y en a cependant quelques-unes qui lui sont antérieures et d'autres postérieures.

Ainsi dans cette liste de 87 maximes, les dix dernières en reproduisent quatre qui étaient déjà connues en 1630 et cinq que Mme de Brégy avait soumises à Louis XIV, à l'instar de Bussy.

En 1667 Charles Paul d'Escoubleau, de Sourdis, marquis d'Alluye, en propose d'autres dans le salon de la marquise de Sablé[5].

En 1668 enfin les *Maximes d'Amour* de Bussy paraissent à Cologne[6] : il y en a 140.

Alors le jeu des *maximes d'amour* fait fureur dans les salons. M. Daniel Mornet[7] signale que leur « période de ferveur » va surtout jusqu'en 1670 et persiste à travers toute la fin du siècle.

Ainsi Mme de Lafayette écrit à Mme de Sévigné, le 14 juillet 1673 :

« ...Voici une question entre deux maximes :
— On pardonne les infidélités, mais on ne les oublie point.
— On oublie les infidélités, mais on ne les pardonne point.
— Aimez-vous mieux avoir fait une infidélité à votre amant, que vous

---

3. *Poésies de Mme la Comtesse de la Suze* à Paris chez Charles de Sercy, 1666, in-12, p. 63 et s.
4. *Recueil contenant les maximes et loix d'amour* à Rouen chez Jean Lucas, rue neufve S.Lo.M.DC.LXVI.
5. *Portefeuilles Vallant* -ms. 17.056. B. N. f. fr. folios 196.-197.
6. Chez Marteau à Cologne, in-12 — avec la carte du pays de Braquerie, 78 pages.
7. *Histoire de la littérature française classique.* 1660-1700. Paris. Librairie Armand Colin, p. 139.

aimez pourtant toujours, ou qu'il vous en ait fait une, et qu'il vous aime aussi toujours?
On n'entend pas par infidélité avoir quitté pour un autre mais avoir fait une faute considérable... »

Vers la même époque le chevalier de Méré entretient également, à diverses reprises, ses correspondantes, des *maximes d'amour* [8].

On peut lire :

« *Lettre XXXII*... les affections médiocres ne rendent jamais heureux et ne font qu'embarrasser. Ceci, ce me semble proche tant d'une *maxime d'amour*...
« *Lettre LXXIX*... Eh bien, Madame, qu'à cela ne tienne, je vous recevray et, si vous m'en croyez, nous serons cinq ou six mois à discourir de tout, à ne rien penser qui ne vous plaise et à faire des *maximes d'amour*... »

Si le jeu des maximes s'est cristallisé plus spécialement, à partir de 1664, sur les *maximes d'amour*, il ne faut pas croire qu'il n'en ait jamais été fait mention antérieurement.

Emile Magne a raison d'écrire [9] :

« On a tort de penser que Madame de Sablé et la Rochefoucauld inaugurèrent le genre des maximes. Ils le perfectionnèrent seulement... depuis 1640 environ les ruelles s'exerçaient à parfaire cette littérature philosophique. »

Ainsi en 1629-1630 paraissaient, en deux volumes, les *Pensées du solitaire,* par le sieur de Vaulx [10].

Dans le premier, au chapitre intitulé *Thèses et Conclusions amoureuses,* on peut relever trois questions — ce sont les seules — reproduites dans les *Poésies* de Mme de la Suze.

---

8. *Lettres de M. le Chevalier de Méré*. D. Thierry et Cl. Barbin. 1682.
9. *Madame de la Suze*. Mercure de France. Paris. 1908, p. 184.
10. *Les Pensées du solitaire*, 2 vol., 1629-1630. A Paris, chez Antoine de Somaville.
Le sieur de Vaulx serait le pseudonyme d'Adrien de Montluc, grand-père maternel de Charles Paul d'Escoubleau, de Sourdis, marquis d'Alluye, que nous présumons être l'auteur du *Discours*.

Voici l'une d'entre elles; elle en constitue deux dans les recueils ultérieurs.

« XLVI. — Sçavoir ce qui vaut mieux, ou perdre une *Dame* par sa mort ou par sa légèreté? s'il est plus difficile de dissimuler son amour que de feindre d'aimer? »

En 1664 Bussy-Rabutin la transcrit comme suit :

« 78. — Lequel est le plus fascheux, perdre sa *maitresse* par sa mort ou par sa légèreté? »

Elle est reprise, en 1667, par Charles Paul d'Escoubleau, sous cette forme :

« I. — S'il vaut mieux que l'on perde une *personne* que l'on aime par la mort ou par l'infidélité? »

On peut remarquer — et ceci est confirmé par de nombreux textes — que le sieur de Vaulx utilise de préférence l'expression « sa Dame » ou « d'une Dame », à l'exclusion de « maîtresse » que Bussy emploie couramment.

Charles Paul d'Escoubleau se sert, lui, de termes beaucoup plus généraux : la femme, les femmes ou la personne.

Quant à l'auteur du *Discours* il se sert également des mêmes termes — exceptionnellement de dame ou de maîtresse — à la manière de la Rochefoucauld.

De là à penser que le *Discours* est postérieur aux *Maximes* (1665) il n'y a qu'un pas : c'est une raison de plus, qui vient s'ajouter à beaucoup d'autres, pour le franchir.

★

Nous avons eu l'occasion de mentionner une bonne douzaine de sentences du *Discours*[11], qui sont des allusions ou des réponses

---

11. *Discours sur les passions...* Ed. critique. Paris. Delmas. 1950.

DISCOURS SUR LES PASSIONS DE L'AMOUR

à peine déguisées à des *maximes d'amour* présentées par Bussy ou la comtesse de la Suze.

En voici trois qui, à notre connaissance, n'ont pas encore été signalées :

Bussy n° 124. — Sçavoir si les *Dames* peuvent être excusables de faire les *avances*?

Discours XXXVIII. — Ce n'est point un effet de la coutume, c'est une obligation de la nature que les hommes fassent des *avances* pour gagner l'amitié des *Dames*.

Bussy n° 110. — Sçavoir si lorsqu'on est éperdument *amoureux* on trouve quelque chose de plus *beau* que sa maîtresse?

Discours XXII. — A mesure que l'on a plus d'esprit l'on trouve plus de *beautés* originales; mais il faut ne pas être *amoureux* : car quand l'on aime, l'on n'en trouve qu'une.

Bussy n° 31. — Sçavoir si l'on peut avoir une forte passion pour deux personnes en même temps?

Discours XXXIII. — L'égarement à aimer en plusieurs endroits est aussi monstrueux que l'injustice dans l'esprit.

Enfin une dernière observation. Tous ceux qui ont pris la peine de lire le *Discours* ont constaté qu'il était inachevé, et qu'il se terminait, en quelque sorte, en queue de poisson.

Pourquoi? à notre avis, c'est tout simplement parce que l'auteur du *Discours* répond dans ses trois derniers paragraphes à la dernière maxime de Bussy, et qu'il ne s'est pas risqué à poursuivre sa route sans son guide :

Bussy n° 140. — Ce qu'opère *la présence* et *l'absence* de la personne qu'on aime. (autre rédaction : de ce qu'on aime.)

Discours LII. — Quand on aime fortement, c'est toujours une nouveauté de voir la personne aimée. Après un moment *d'absence,* on la trouve de manque dans son cœur. Quelle joie de la retrouver. L'on sent aussitôt une cessation d'inquiétudes.

Il faut pourtant que cet amour soit déjà bien avancé; car, quand il est naissant et que l'on n'a fait aucun progrès, on sent bien une cessation d'inquiétudes, mais il en survient d'autres.

Quoique les maux se succèdent ainsi les uns aux autres, on ne laisse pas de souhaiter *la présence* de sa maîtresse par l'espérance de moins souffrir. Cependant quand on la voit, on croit souffrir plus qu'auparavant.

Les maux passez ne frappent plus, les présents touchent, et c'est sur ce qui touche que l'on juge. Un amant dans cet état n'est-il pas digne de compassion?

★

De cet exposé, ainsi que de nos études antérieures, il nous semble qu'il ressort, jusqu'à l'évidence, que Pascal est absolument étranger au *Discours sur les passions de l'amour.*

L'on fausse donc gravement sa physionomie morale lorsqu'on utilise cet opuscule pour exposer ou expliquer les sentiments qui pouvaient l'agiter à telle ou telle époque de sa vie.

Tel illustre romancier crée de toutes pièces un nouveau roman, lorsqu'il en fait état dans sa *Rencontre avec Blaise Pascal* ou dans *Blaise Pascal et sa sœur Jacqueline.*

A ce moment-là, ce n'est pas Pascal qu'il a rencontré, c'est tout au plus Charles d'Escoubleau ou quelque mondain de similaire envergure.

Appendice 10

TABLES DES MATIÈRES DE QUELQUES ÉDITIONS

Edition de Port-Royal (1670 a 1761).

Pensées de M. Pascal sur la religion et sur quelques autres sujets. Paris. 1670.
- I. Contre l'indifférence des athées.
- II. Marques de la véritable religion.
- III. Véritable religion prouvée par les contrariétés qui sont dans l'homme et par le péché originel.
- IV. Il n'est pas croyable que Dieu s'unisse à nous.
- V. Soumission et usage de la raison.
- VI. Foi sans raisonnement.
- VII. Qu'il est plus avantageux de croire que de ne pas croire ce qu'enseigne la religion chrétienne.
- VIII. Image d'un homme qui s'est lassé de chercher Dieu par le seul raisonnement, et qui commence à lire l'Ecriture.
- IX. Injustice et corruption de l'homme.
- X. Juifs.
- XI. Moïse.
- XII. Figures.
- XIII. Que la loi était figurative.
- XIV. Jésus-Christ.
- XV. Preuves de Jésus-Christ par les prophéties.
- XVI. Diverses preuves de Jésus-Christ.
- XVII. Contre Mahomet.

XVIII. Dessein de Dieu de se cacher aux uns, et de se découvrir aux autres.
XIX. Que les vrais Chrétiens et les vrais Juifs n'ont qu'une même religion.
XX. On ne connaît Dieu utilement que par Jésus-Christ.
XXI. Contrariétés étonnantes qui se trouvent dans la nature de l'homme à l'égard de la vérité, du bonheur et de plusieurs autres choses.
XXII. Connaissance générale de l'homme.
XXIII. Grandeur de l'homme.
XXIV. Vanité de l'homme.
XXV. Faiblesse de l'homme.
XXVI. Misère de l'homme.
XXVII. Pensées sur les miracles.
XXVIII. Pensées chrétiennes.
XXIX. Pensées morales.
XXX. Pensées sur la mort, qui ont été extraites d'une lettre écrite par M. Pascal sur le sujet de la mort de M. son père.
XXXI. Pensées diverses.
XXXII. Prière pour demander à Dieu le bon usage des maladies.

★

Edition Condorcet (1776).

Pensées de Pascal.

Art. I. De la manière d'exposer la vérité et de la prouver aux hommes.
Art. II. De la nécessité de s'occuper des preuves de l'existence d'une vie future.
Art. III. Qu'il faudrait croire et pratiquer la Religion chrétienne, quand même on ne pourrait la prouver.
Réflexions sur l'argument de M. Pascal et de M. Locke, concernant la possibilité d'une autre vie, par. M. de Fontenelle.

Art. IV. De l'incertitude de nos connaissances naturelles.
Art. V. Que la religion ne nous donne aucune connaissance démonstrative de l'existence de Dieu, ni de la morale.
        § 1. Sur l'existence de Dieu.
        § 2. Sur la morale.
Art. VI. De la grandeur, de la vanité, de la faiblesse, et de la misère des hommes.
Art. VII. Préjugés justifiés par les principes des articles précédents.
Art. VIII. Que l'homme est un être dégénéré et qu'il a besoin d'une Religion.
Art. IX. Preuves de la Religion chrétienne.
        § 1. De la nature des preuves du Christianisme.
        § 2. Des preuves morales du Christianisme.
        § 3. Des preuves historiques de la Religion.
Art. X. Sur Montaigne et Epictète. Caractère et comparaison d'Epictète. Caractère d'Epictète. Caractère de Montaigne. Comparaison d'Epictète et Montaigne.
Caractère d'Epictète.
Conciliation des deux systèmes.
Conclusion.
Art. XI. Pensées détachées [1].
Addition.
Amulette trouvée dans le pourpoint de Pascal.
Vers de Pascal.

---

1. Condorcet a pris ce titre dans le *ms. Périer,* dont il a extrait quelques textes inédits.

Edition Bossut.

Œuvres de Pascal. — T. II. A La Haye (Paris),
chez Detune (Nyon), libraire, 1779.

Première Partie.

Contenant les Pensées qui se rapportent à la philosophie, à la morale et aux belles-lettres.
Art. I. De l'autorité en matière de philosophie.
Art. II. Réflexions sur la géométrie en général.
Art. III. De l'art de persuader.
Art. IV. Connaissance générale de l'homme.
Art. V. Vanité de l'homme : effets de l'amour-propre.
Art. VI. Faiblesse de l'homme : incertitude de ses connaissances naturelles.
Art. VII. Misère de l'homme.
Art. VIII. Raisons de quelques opinions du peuple.
Art. IX. Pensées morales détachées.
Art. X. Pensées diverses de philosophie et de littérature.
Art. XI. Sur Epictète et Montaigne.
Art. XII. Sur la condition des grands.

Seconde Partie.

Contenant les Pensées immédiatement relatives à la religion.
Art. I. Contrariétés étonnantes qui se trouvent dans la nature de l'homme à l'égard de la vérité, du bonheur et de plusieurs autres choses.
Art. II. Nécessité d'étudier la religion.
Art. III. Quand il serait difficile de démontrer l'existence de Dieu par les lumières naturelles, le plus sûr est de la croire.
Art. IV. Marques de la véritable religion.

Art. V. Véritable religion prouvée par les contrariétés qui sont dans l'homme et par le péché originel.
Art. VI. Soumission et usage de la raison.
Art. VII. Image de l'homme qui s'est lassé de chercher Dieu par le seul raisonnement qui commence à lire l'Ecriture.
Art. VIII. Des Juifs considérés par rapport à notre religion.
Art. IX. Des figures; que l'Ancienne Loi était figurative.
Art. X. De Jésus-Christ.
Art. XI. Preuves de Jésus-Christ par les prophéties.
Art. XII. Diverses preuves de Jésus-Christ.
Art. XIII. Dessein de Dieu de se cacher aux uns et de se découvrir aux autres.
Art. XIV. Que les vrais Chrétiens et les vrais Juifs n'ont qu'une même religion.
Art. XV. On ne connaît Dieu utilement que par Jésus-Christ.
Art. XVI. Pensées sur les miracles.
Art. XVII. Pensées diverses sur la religion.
Art. XVIII. Pensées sur la mort (extrait de la lettre de Pascal sur la mort de son père).
Art. XIX. Prière pour demander à Dieu le bon usage des maladies.
Supplément aux Pensées.

★

Edition Faugère (1844, 1897).

Pensées, Fragments et Lettres de Blaise Pascal. Paris. Andrieux 1844.
Paris. Ernest Leroux 1897.

Premier Volume.

Nouveau fragment du traité du vide.
Différence entre l'esprit de géométrie et l'esprit de finesse.

Géométrie-finesse.
Pensées diverses.
Ravissement et profession de foi.
Pensées sur l'éloquence et le style.
Pensées et notes relatives aux Jésuites, aux Jansénistes et aux Provinciales.
Pensées sur le Pape et sur l'Eglise.
Addition au IIIe discours sur la condition des grands.

Second Volume.

Fragments d'une Apologie du Christianisme, ou Pensées sur la Religion.
Préface générale.
Variante de la préface générale.
Notes écrites pour la préface générale.

Première partie. — Misère de l'homme sans Dieu, ou que la nature est corrompue par la nature même.
Préface de la première partie.
Ch. I. Divertissement.
Ch. II. Des puissances trompeuses.
Ch. III. Disproportion de l'homme.
Ch. IV. Grandeur et misère de l'homme. Système des philosophes.

Seconde partie. — Félicité de l'homme avec Dieu, ou qu'il y a un réparateur par l'Ecriture.
Préface de la seconde partie.
Ch.   I. Que l'homme sans la foi ne peut connaître le vrai bien ni la justice.
Ch.   II. Caractères de la vraie religion.
Ch.   III. Moyens d'arriver à la foi : raison, coutume, inspiration.
Ch. IV. Du peuple juif.
Ch.   V. Des miracles.
Ch. VI. Des figuratifs.

Ch. VII. Des prophéties.
Ch. VIII. De Jésus-Christ.
        Le Mystère de Jésus.
Ch. IX. De la religion chrétienne.
Ch. X. Ordre.

★

Edition Astié (1857).

*Fragments d'une Apologie du Christianisme
ou Pensées sur la Religion.*

Introduction.

    De l'esprit géométrique.
    De l'art de persuader.
    Préface sur le traité du vide.
    Entretien de Pascal avec M. de Saci.

Préface générale.

    De la nécessité d'étudier la religion.
    Variante de la Préface générale.
    Notes écrites pour la Préface générale.

Première partie : Misère de l'homme sans Dieu.

    Préface.
    Ch. I. Du besoin de connaissance.
    Ch. II. Du besoin de justice.
    Ch. III. Du besoin de bonheur.
    Ch. IV. Grandeur et misère de l'homme.

Seconde partie : Félicité de l'homme avec Dieu.

    Préface.
    Ch. I. Caractères de la vraie religion.
    Ch. II. Moyens d'arriver à la foi.

Ch. III. De Jésus-Christ.
Ch. IV. Du peuple juif.
Ch. V. Des miracles.
Ch. VI. Des figuratifs.
Ch. VII. Des prophéties.
Ch. VIII. Ordre.

★

Edition Brunschvicg.

Opuscules et Pensées. Paris. Hachette et Cie. 1897.
Pensées. 3 vol. Paris. Hachette et Cie. 1904.

Mémorial de Pascal.

Section I. Pensées sur l'Esprit et sur le Style.
Section II. Misère de l'homme sans Dieu.
Section III. De la Nécessité du pari.
Section IV. Des Moyens de croire.
Section V. La Justice et la Raison des effets.
Section VI. Les Philosophes.
Section VII. La Morale et la Doctrine.
Section VIII. Les Fondements de la Religion chrétienne.
Section IX. La Perpétuité.
Section X. Les Figuratifs.
Section XI. Les Prophéties.
Section XII. Preuves de Jésus-Christ.
Section XIII. Les Miracles.
Section XIV. Appendice : fragments polémiques.

TABLE DES MATIÈRES DE QUELQUES ÉDITIONS

★

Edition Jacques Chevalier.

Pascal. Pensées sur la Vérité de la religion chrétienne.
>J. Gabalda, éd. Paris. 1925. 2 vol.
>Boivin et Cie, éd. Paris. 1949. 1 vol.

Préface générale. — Le dessein, l'ordre et le plan de l'ouvrage.

Première Partie. — L'homme sans Dieu.

>Préface.
>Ch. I. La place de l'homme dans la nature : les deux infinis.
>Ch. II. Misère de l'homme. Les puissances trompeuses.
>Ch. III. Marques de la grandeur de l'homme.
>Ch. IV. Conclusion : qu'il faut chercher Dieu.

Seconde Partie. — L'Homme avec Dieu.

>Préface.
>Section I. La Recherche.
>Section II. Le Nœud.
>Section III. Preuves de Jésus-Christ.
>Introduction.
>Ch. I. L'Ancien Testament.
>Ch. II. Le Nouveau Testament. Jésus-Christ.
>Ch. III. L'Eglise.
>Conclusion. L'ordre de la charité et le mystère de l'amour divin.

Appendice A. — Sur les miracles.
Appendice B. — Sur l'obéissance due à l'Eglise et au pape.

★

Edition F. Strowski (1931).

Les Pensées.

Introduction générale.

Chap. I. L'Apologie de la Religion chrétienne. Introduction.

    Première section. L'exhortation à chercher.
    Seconde section. L'ordre, les limites de la raison.
    Troisième section. Les Négateurs.

Chap. II. Le Pari. Introduction.

    Première section. La dialectique du Pari.
    Seconde section. L'Incertain, l'Automatisme, la Coutume.

Chap. III. La Nature de l'homme. Introduction.

    Première section. Grandeur, Misère.
    Seconde section. Le Divertissement.
    Troisième section. L'Explication.
    Quatrième section. Les sociétés humaines.
    Trois discours sur la condition des Grands.

Chap. IV. L'homme dans l'Univers. Introduction.

    Première section. La faiblesse de l'homme.
    Seconde section. Les puissances trompeuses.
    Troisième section. Le Pyrrhonisme.

Chap. V. Les livres saints et le peuple juif. Introduction.

    Première section. Le peuple juif dépositaire de la vérité.
    Seconde section. Les figures.
    Troisième section. Que Dieu s'est voulu cacher.
    Quatrième section. Les objections.

Chap. VI. Jésus-Christ. Introduction.
    Première section. Preuves de Jésus-Christ : perpétuité, témoignages, prophéties, miracles.
    Seconde section. Jésus-Christ unité du genre humain.
    Troisième section. Jésus-Christ.
    Annexe. Les traductions de l'Ecriture.
Chap. VII. Réflexions et Maximes. Introduction.
    Première section. *Spongia solis.*
    Deuxième section. L'Honnête homme et l'art d'écrire.
    Troisième section. Miscellanée.
    Supplément aux *Pensées* sur les *Provinciales.*

★

Edition J. Dedieu (1937).

Les Pensées.

A la recherche de l'ordre.
L'exhortation aux libertins.
La psychologie des Pensées.

Première Partie.

Section   I. La nature de l'homme.
—   II. Le souverain bien de l'homme et la réponse chrétienne.
—   III. La raison des effets.
—   IV. La vraie vertu de l'homme.
—   V. Contre le pyrrhonisme.
—   VI. Le divertissement.

Seconde Partie.

Section I. La psychologie de la foi et le pari.
— II. Les foisons de religion et le peuple juif.
— III. Règles pour l'intelligence de l'Ecriture.
— IV. Les preuves de Jésus-Christ.
— V. La réponse aux objections.

Pensées diverses.

La rhétorique de Pascal.

Appendices :

    A. Fragments.
    B. Textes latins.
    C. Textes sur le souverain bien.
    D. Sur le péché originel
    E. Chronologie biblique.
    F. Le problème d'Esdras.
    G. Textes bibliques.
    H. Prophéties.

★

Appendice 11

PENSÉES ÉTRANGÈRES A L'*APOLOGIE*

Edition Stewart (1950).

A. Prières, méditations, confessions personnelles.
B. Notes pour les *Lettres provinciales*.
C. Notes pour les miracles.
D. Notes pour des lettres aux Roannez.
E. Notes pour les *Ecrits sur la Grâce*.
F. Notes pour les *Factums*.
G. Notes pour les *Trois Discours sur la condition des Grands*.
H. Notes pour le *Discours sur les passions de l'amour*.
I. Notes sur le style et le langage.
J. Réflexions morales générales.

★

Edition Lafuma (1948).

1° Notes personnelles (méditations, résolutions, lettres...).
2° Note pour le *Traité du vide* (1651).
3° Notes pour les *Ecrits sur la Grâce* (1657-1658).
4° Notes pour les *Provinciales...*, etc (1656-1658).
5° Notes pour un *Ecrit sur le miracle* opéré sur Mlle Périer (1656-1657).

6° Notes pour la préface d'un *Traité de géométrie* ou de Logique.
7° Notes pour les *Trois Discours sur la condition des Grands* (1660).
8° Notes diverses (sur des lectures, sur les contradictions apparentes, rhétorique..., etc).

★

Appendice 12

HYPOTHÈSES ET DÉDUCTIONS

Lorsqu'un nombre appréciable d'observations permettent de formuler une hypothèse, c'est un jeu, qui ne manque pas d'intérêt, que celui qui consiste à la mettre à l'épreuve sur des points précis et nettement délimités.

En voici des exemples.

★

Les renseignements donnés par G. et E. Périer, sur les papiers laissés par Pascal, nous invitent à penser qu'il prenait ses notes sur de grandes feuilles, qu'il les a classés après les avoir découpés et que, à fin 1658, la maladie a interrompu définitivement son travail de classement.

On peut donc logiquement imaginer qu'au moment où Pascal a été arrêté dans son classement il était en train de classer des papiers en provenance de certaines feuilles qu'il avait découpées, et que, parmi ces papiers, seulement une partie s'est trouvée classée.

Et ceux qui ont été classés doivent inévitablement figurer parmi ceux qui ont été les derniers enfilés. Il en est bien ainsi et vingt-deux papiers en provenance de deux ou trois grandes feuilles nous le montrent.

Ces grandes feuilles étaient des feuilles comptables, portant une réglure caractéristique : sur les vingt-deux papiers qui en proviennent on relève des portions de cette réglure.

Or de ces vingt-deux papiers onze se trouvent classés et onze non classés.

Et les onze papiers classés sont les derniers qui aient été enfilés dans les liasses 1 - 3 - 6 - 21 et 24.

★

G. et E. Périer sont d'accord pour fixer comme date de la conférence de Pascal à Port-Royal un des derniers mois de 1658. D'autre part le classement par Pascal de ses papiers semble avoir été arrêté à cette époque, puisque aucun fragment classé ne peut être daté, à coup sûr, postérieurement.

M. P. L. Couchoud, s'appuyant sur le fragment (La. 101), a fixé comme date du classement et de la conférence, fin 1659. La chronologie pascalienne se trouvait ainsi profondément bouleversée, s'il avait raison.

Il ne pouvait en être ainsi, et, en effet, la traduction, datée de 1659, d'un texte de Grotuis, sur laquelle il basait son hypothèse, n'était pas conforme à celle qu'il reproduisait.

★

Lorsque Bossut a préparé son édition des *Pensées* (1779) il avait à sa disposition les mss. 12449 et 13913. Il n'a pas consulté le *Recueil Original*.

Par conséquent, parmi les quelques nouveaux textes que son édition a fait connaître, aucun ne peut figurer seulement sur le *Recueil Original*, à moins qu'il n'ait été pris dans Desmolets (1728) ou Condorcet (1776).

Aussi G. Michaut donne-t-il un renseignement inexact lorsqu'il signale que l'édition Bossut a été la première à publier (La. 379), que *la Copie* ne reproduit pas :

« La seule science contre le sens commun et la nature des hommes, est la seule qui ait toujours subsisté parmi les hommes. »

Il a confondu ce texte avec (La. 543) :

« La seule religion contre la nature, contre le sens commun, contre nos plaisirs, est la seule qui ait toujours été. »

Et encore Bossut donne ce fragment d'après « l'embellissement » réalisé par Port-Royal :

« La seule religion contraire à la nature, en l'état qu'elle est, qui combat tous nos plaisirs, et qui paraît d'abord contraire au sens commun, est la seule qui ait toujours été. »

★

BIBLIOGRAPHIE
DES
EDITIONS DES PENSEES

―――

[On peut consulter : Albert Maire, *Bibliographie Générale des œuvres de Blaise Pascal*, tome IV, Librairie Henri Leclerc, Paris, 1926.]

1669. 1° Pensées || de || M. Pascal || sur la Religion || et sur quelques autres sujets, || qui ont esté trouvées après sa mort || parmy ses papiers. || [Monogramme du libraire.]
   A Paris || chez Guillaume Desprez || rue Saint-Jacques, à Saint-Prosper. || MDCLXIX || avec Privilège et Approbation. || In-12.
   Préface : 31 ff. — Texte des Pensées : pp. 1-365. — Table des matières : 1 f. A-C seulement. [Ni privilège, ni approbations.]

1670. 2° Pensées || de || M. Pascal || sur la Religion || et sur quelques || autres sujets, || qui ont été trouvées après sa mort || parmy ses papiers. || [Monogramme du libraire.]
   A Paris || chez Guillaume Desprez || rue Saint-Jacques, à Saint-Prosper || M.DC.LXX. || Avec Privilège et Approbation. || In-12.
   41 ff. — 365 pages. — 10 ff.
   Privilège du 27 décembre 1666 pour 5 ans. Achevé d'imprimer pour la première fois le 2 janvier 1670.

  3° Pensées || de || M. Pascal || sur la Religion || et sur quelques || autres sujets, || qui ont esté trouvées après sa mort || parmy ses papiers. [Monogramme du libraire.]
   A Paris, || chez Guillaume Desprez, || rue Saint-Jacques à Saint-Prosper, || M.DC.LXX. || avec privilège et approbation. || In-12.
   40 ff. — 358 pages. — 10 ff.

  4° Pensées || de || M. Pascal || sur la Religion || et sur quelques autres sujets, || qui ont esté trouvées après sa mort || parmy ses papiers. || Seconde édition.
   [Monogramme du libraire.]

A Paris, || chez Guillaume Desprez, || rue Saint-Jacques à Saint-Prosper, || M.DC.LXX. || avec privilège et approbation. || In-12. 40 ff. — 358 pages. — 10 ff.

5° Pensées || de || M. Pascal || sur la Religion || et sur quelques autres sujets, || qui ont esté trouvées après sa mort || parmy ses papiers. || Seconde édition.
[Monogramme du libraire.]
A Paris, || chez Guillaume Desprez, || rue Saint-Jacques à Saint-Prosper, || M.DC.LXX. || avec Privilège et Approbation. || In-12. 40 ff. — 348 pages. — 10 ff.

1671. 6° Pensées || de || M. Pascal || sur la Religion || et sur quelques autres sujets, || qui ont esté trouvées après sa mort || parmy ses papiers. || Troisième édition.
[Monogramme du libraire.]
A Paris, || chez Guillaume Desprez, || rue Saint-Jacques à Saint-Prosper, || M.DC.LXXI. || Avec Privilège et Approbation. || In-12. 40 ff. — 348 pages. — 10 ff.

1672. 7° Pensées de M. Pascal sur la religion et sur quelques autres sujets, qui ont esté trouvées après sa mort parmy ses papiers.
[Marque du libraire : Au Quaerendo.]
A Amsterdam, chez Abraham Wolfganck, suivant la copie imprimée à Paris, MDCLXXII, petit in-12.

1675. 8° Pensées de Monsieur Pascal sur la religion et sur quelques autres sujets, qui ont esté trouvées après sa mort parmy ses papiers.
[Fleuron.]
A Lyon, chez Adam Demen, ruë Mercière, à la Fortune. MDCLXXV. Avec Permission.

« Sur la requisition de François Larchier, à ce qu'il lui soit permis d'imprimer le Livre intitulé Les Pensées de M. Pascal. Attendu que le Privilège est expiré. Je consens pour le Roy à la permission requise par ledit Larchier et que les deffenses ordinaires luy soient accordé pour trois années. A Lyon, ce 21 Juin 1675. Vaginay.

« Soit fait suivant les conclusions du Procureur du Roy, les an et jour que dessus. Deseve.

« Ledit Larchier a cédé les Permissions cy-dessus, à luy accordé, à sieur Adam Demen, suivant l'accord fait entr'eux. »

9° Pensées de M. Pascal sur la religion et sur quelques autres sujets, qui ont esté trouvées après sa mort parmy ses papiers. Dernière édition.

BIBLIOGRAPHIE DES ÉDITIONS DES PENSÉES 133

[Fleuron.]
A Rouen, chez David Berthelin, rue aux Juifs, vis-à-vis la Grand'Porte du Palais. MDCLXXV. Avec Approbation, petit in-8.
« Régistré sur le Livre de la Communauté des Libraires et Imprimeurs de Rouen, le 9 juillet 1675. — L. Coste, ancien garde. Achevé d'imprimer ce 10 octobre 1675. »

1677. 10° Pensées de M. Pascal sur la religion et sur quelques autres sujets trouvées après sa mort parmy ses papiers.
[Marque du libraire : Au Quaerendo.]
A Amsterdam, chez Abraham Wolfganck, suivant la copie imprimée à Paris. MDCLXXVII. Petit in-12.

1678. 11° Pensées de M. Pascal sur la religion et sur quelques autres sujets qui ont esté trouvées après sa mort parmy ses papiers.
[Monogramme du libraire.]
A Paris, chez Guillaume Desprez, rue Saint Jacques à Saint-Prosper, et aux trois Vertus. MDCLXXVIII. Avec Privilège et approbation. In-12.

12° Pensées de M. Pascal sur la religion et sur quelques autres sujets qui ont esté trouvées après sa mort parmy ses papiers. Nouvelle édition, augmentée de plusieurs pensées du même Autheur.
[Monogramme du libraire.]
A Paris, chez Guillaume Desprez, ruë Saint-Jacques, à Saint-Prosper, et aux trois Vertus. MDCLXXVIII. Avec Privilège et Approbation. In-12.
Privilège du 25 Août 1677 pour 20 ans. Achevé d'imprimer du 14 avril 1678. Le privilège concerne aussi la *Vie de M. Pascal.*

1679. 13° Pensées de M. Pascal sur la religion et sur quelques autres sujets, qui ont esté trouvées après sa mort parmy ses papiers. Nouvelle édition augmentée de plusieurs pensées du même Autheur.
[Fleuron : Tête de Méduse.]
Suivant la copie imprimée à Paris. M.DC.LXXIX. Pet. in-12.

1683. 14° Pensées de M. Pascal sur la religion et sur quelques autres sujets qui ont esté trouvées après sa mort parmy ses papiers. Nouvelle édition augmentée de plusieurs pensées du mesme Autheur.
[Marque du libraire : Vignette dans un cadre ovale représentant la Foy avec l'exergue : Ardet amans spe nixa fides.]
A Paris, Chez Guillaume Desprez, rue S. Jacques à S. Prosper. et aux trois Vertus, M.DC.LXXXIII. In-12.

1684. 15° Pensées de M. Pascal sur la Religion et sur quelques autres sujets, qui ont esté trouvées après sa mort parmy ses papiers. Edition

nouvelle augmentée de beaucoup de pensées et de la Vie du mesme Autheur.
[Marque des Elzevier : au Quaerendo.]
A Amsterdam, chez Abraham Wolfgang, MDCLXXXIV. In-12.

1686. 16° Pensées de M. Pascal sur la religion et sur quelques autres sujets, qui ont esté trouvées après sa mort parmy ses papiers. Nouvelle édition augmentée de beaucoup de pensées, et de la Vie du mesme Autheur.
[Fleuron.]
A Paris, chez Guillaume Desprez, ruë Saint-Jacques. M. DC. LXXXVI. In-12. — Privilège du 29 Juin 1685 pour 20 ans.

1687. 17° T. I. Pensées ‖ de Monsieur ‖ Pascal ‖ sur la religion ‖ et sur quelques autres sujets ‖ qui ont esté trouvées après sa mort parmy ses papiers. ‖ Reveuës et corrigées de nouveau.
[Corbeille de fruits et de fleurs.]
A Lyon ‖ chez ‖ Fr. Roux, rue Belle-Cordière ‖ et ‖ Cl. Chize, rue Confort. ‖ MLXXXVII (pour M.DC.LXXXVII). ‖ Avec approbation et permission ‖ In-12.

Consentement.

Sur la réquisition de François Roux et Claude Chize, à ce qu'il leur soit jamais permis d'imprimer le Livre intitulé Les Pensées de M. Pascal, attendu que le Privilège est expiré, je consens pour le Roy à la Permission requise par lesdits François Roux et Claude Chize et que les deffenses ordinaires leur soient accordées. A Lyon ce 10 May 1685.

Vaginay.

Permission.

Permis d'imprimer ce 19 May 168⁵.

Deseve.

T. II. *Vol. 1.* Discours ‖ sur les Pensées ‖ de ‖ M⁻ Pascal ‖ où l'on essaye de faire voir ‖ quel étoit son dessein ‖ avec un autre ‖ discours ‖ sur les preuves ‖ des livres ‖ de Moyse. ‖ Tome second.
A Lyon, ‖ chez ‖ Franc. Roux, rue Belle-Cordière ‖ et ‖ C. Chize, rue Confort, à S. Irénée ‖ MDCLXXXVIII. ‖ Avec approbation et permission. ‖ In-12.

Vol. 2. Suite ‖ des Pensées ‖ de ‖ M. Pascal ‖ Ou l'on voit quel étoit ‖ son dessein sur la ‖ vérité de la Religion. ‖ Augmentée de beaucoup de pensées et ‖ de la Vie du même Auteur. ‖ Tome second.

Sur l'imprimé. ‖ A Paris ‖ chez Guillaume Desprez ‖. rue Saint Jacques, ‖ MDCLXXXVII. ‖ Avec approbation et permission. ‖ In-12.

[Le tome I est la reproduction pure et simple de l'édition de 1670. — Dans le tome II vol. 2 il n'y a que la *Vie de M. Pascal*, sans les nouvelles pensées annoncées qui figurent dans l'édition de 1678.]

1688. 18° Pensées de M. Pascal sur la Religion, et sur quelques autres sujets, qui ont esté trouvées après sa mort parmy ses papiers. — Edition nouvelle, augmentée de beaucoup de Pensées, de la Vie du mesme Autheur, et de quelques Dissertations marquées dans la page suivante.
[Marque des Elzeviers : au Quaerendo.]
A Amsterdam, chez Abraham Wolfgang. M.DCLXXXVIII. In-12.

19° Pensées de M. Pascal sur la religion et sur quelques autres sujets. Edition nouvelle, augmentée de beaucoup de Pensées, de la Vie de l'auteur et quelques dissertations.
A Amsterdam, chez Pierre Mortier, MDCLXXXVIII. In-12.

1694. 20° Pensées de M. Pascal sur la Religion, et sur quelques autres sujets. Edition nouvelle, augmentée de beaucoup de Pensées, de la Vie de l'Autheur, et de quelques dissertations.
[Fleuron.]
A Amsterdam, chez Henri Wetstein, M.DC. XCIV. In-12.

1699. 21° Pensées de M. Pascal sur la Religion, et sur quelques autres sujets. Edition nouvelle, augmentée de beaucoup de Pensées, de la Vie de l'Autheur, et de quelques dissertations.
[Fleuron.]
A Amsterdam, chez Henri Wetstein. M.DC.XCIX. In-12.

22° Pensées de M. Pascal sur la Religion et sur quelques autres sujets. Edition nouvelle, augmentée de beaucoup de Pensées, de la Vie de l'Autheur et de quelques Dissertations.
[Fleuron ornemental.]
A Amsterdam, chez Henri Wetstein. M.DC.XCIX. In-12.

23° Pensées de M. Pascal sur la religion et sur quelques autres sujets, qui ont esté trouvées après sa mort parmy ses papiers. Revuë, corrigée, et augmentée de nouveau dans cette dernière édition.
A Lyon, chez Claude Chize, ruë Confort, à saint Irénée.
S. d. Avec approbation et permission.
Permis d'imprimer du 6 may 1699.

1700. 24° Pensées de M. Pascal sur la religion et sur quelques autres sujets. Edition nouvelle, augmentée de beaucoup de pensées, de la vie de l'autheur et de quelques dissertations.
Sur la copie imprimée. A Amsterdam, chez Henri Wetstein anno MDCC. Pet. in-8.

1701. 25° Pensées de M. Pascal sur la religion et sur quelques autres sujets. Edition nouvelle augmentée de beaucoup de pensées, de la vie de l'autheur et de dissertations.
A Amsterdam, chez Henri Wetstein, anno MDCCI. Pet. in-8.

26° Pensées de M. Pascal sur la religion et sur quelques autres sujets. Edition nouvelle, augmentée de beaucoup de pensées, de la Vie de l'autheur, et de quelques dissertations.
A Amsterdam, chez Pierre Mortiér, MDCCI. In-12.

1702. 27° Pensées de M. Pascal sur la Religion et sur quelques autres sujets, qui ont esté trouvées après sa mort parmi ses papiers. Nouvelle édition. Augmentée de plusieurs Pensées du même Auteur, de sa Vie, et de quelques Discours sur ces mêmes Pensées, et sur les preuves des livres de Moïse.
A Paris, chez Guillaume Desprez, imprimeur et libr. ord. du Roy, rue S. Jacque, à S. Prosper et aux trois Vertus, vis-à-vis les Mathurins, MDCCII. Avec privilège et approbations. In-12.
[Privilège du 29 juin 1685 de 20 ans, qui vient chevaucher sur celui du 25 Aout 1677, également de 20 ans; les deux sont mentionnés.]

1709. 28° Pensées de M. Pascal sur la religion et sur quelques autres sujets. Edition nouvelle. Augmentée de beaucoup de Pensées, de la Vie de l'Autheur et de quelques Dissertations.
[Corbeille de fleurs.]
Sur la copie. A Amsterdam, chez Henri Wetstein, anno MDCCIX. Pet. in-8.

1712. 29° Pensées de M. Pascal sur la religion et sur quelques autres sujets. Edition nouvelle. Augmentée de beaucoup de Pensées, de la vie de l'Autheur et de quelques dissertations.
[Fleuron.]
A Amsterdam, chez R. et G. Wetstein MDCCXII. In-12.

1714. 30° Pensées de M. Pascal sur la religion et sur quelques autres sujets. Nouvelle édition. Augmentée de plusieurs Pensées, de sa Vie et quelques Discours.

[Marque du libraire.]
A Paris, chez Guillaume Desprez, Imprimeur et libraire ordinaire du Roi et Jean Desessartz, rue Saint Jacques à Saint Prosper et aux trois Vertus, M.DCC.XIV. Avec Approbations et Privilège du Roi. In-12. [Privilège du 14 déc. 1709 : 15 ans.]

1715. 31° Pensées de M. Pascal sur la religion et sur quelques autres sujets. Nouvelle Edition. Augmentée de plusieurs Pensées, de sa Vie et de quelques Discours.
[Marque du libraire.]
A Paris chez Guillaume Desprez imprimeur et libraire ordinaire du Roi. Et Jean Desessartz, rue Saint Jacques à S. Prosper, aux trois Vertus. MDCCXV. Avec approbations et Privilège de Sa Majesté. Pet. in-12.

1717. 32° Pensées de M. Pascal sur la Religion et sur quelques autres sujets. Edition nouvelle. Augmentée de beaucoup de Pensées, de la vie de l'Autheur et de quelques Dissertations.
[Monogramme du libraire.]
Ulme, chez Wolfgang Schumacher, MDCCXVII. Pet. in-8.

1725. 33° Pensées de M. Pascal sur la religion et sur quelques autres sujets. Nouvelle édition, augmentée de plusieurs Pensées, de sa Vie et de quelques Discours.
[Vignette.]
A Paris chez Guillaume Desprez, Imprimeur et libraire ordinaire du Roi, et Jean Desessartz, libraire, rue S. Jacques à S. Prosper et aux trois Vertus. MDCC.XXV. Avec approbation et Privilège du Roi. In-12.
Privilège du 10 Juillet 1722 pour 20 ans.

1734. 34° Pensées de M. Pascal sur la Religion et sur quelques autres sujets. Nouvelle édition. Augmentée de plusieurs Pensées, de sa Vie, et de quelques discours.
[Marque du libraire.]
A Paris, chez Guillaume Desprez, imprimeur et libraire ordinaire du Roi, rue Saint-Jacques à Saint-Prosper et aux trois Vertus. MDCCXXXIV, avec approbation et privilège du Roi. In-12.

1738. 35° Pensées de M. Pascal sur la religion et sur quelques autres sujets. A Milan MDCCXXXVIII. In-8. Avec Approbation.

1743. 36° Pensées de M. Pascal sur la religion et sur quelques autres sujets. Edition nouvelle, corrigée et augmentée de beaucoup de Pensées, de la Vie de l'auteur, et de quelques dissertations.
A la Haye, chez Pierre Gosse, MDCCXLIII. Petit in-8.

1748. 37° Pensées de M. Pascal sur la religion et sur quelques autres sujets. Nouvelle édition, augmentée de plusieurs Pensées, de sa vie et de quelques Discours.
[Marque du libraire.]
A Paris chez Guillaume Desprez, imprimeur et libraire ordinaire du roi et du Clergé de France et P. Guillaume Cavelier, libraire rue Saint Jacques à S. Prosper, et aux trois Vertus. M.DCC.XLVIII. Avec approbation et privilège.
Privilège du roi du 16 Juillet 1745, pour 15 ans.

1754. 38° Pensées de M. Pascal, sur la religion et sur quelques autres sujets. Nouvelle édition, augmentée de plusieurs Pensées, de sa vie, et de quelques Discours.
[Vignette.]
A Paris, chez Guillaume Desprez. Imprimeur et libraire ordinaire du Roi, et du Clergé de France. M.DCC.LIV. Avec approbation et privilège du Roy. In-12.

1758. 39° Pensées de M. Pascal, sur la religion et sur quelques autres sujets. Nouvelle édition. Augmentée de la Défense.
A Amsterdam, par la Compagnie. MDCCLVIII. In-12.

1761. 40° Pensées de M. Pascal sur la Religion, et sur quelques autres sujets. Nouvelle édition, augmentée de plusieurs Pensées, de sa Vie et de quelques Discours.
[Marque du libraire.]
A Paris, chez G. Desprez, Imprimeur et libraire ordinaire du Roi et du Clergé de France, rue S. Jacques. MDCCLXI. Avec Approbation et Privilège du Roi. In-12.
Privilège du roi du 23 Août 1761, pour 6 ans.

1765. 41° Pensées de M. Pascal, sur la Religion et sur quelques autres sujets. Nouvelle édition, augmentée de la Défense.
A Amsterdam, par la Compagnie, M.DCC.LXV. In-12. 2 vol.

1774. 42° Pensées de M. Pascal, sur la Religion et sur quelques autres sujets. Nouvelle édition, augmentée de la Défense.
A Amsterdam, par la Compagnie, M.DCCLXXIV. In-8.

1776. 43° Pensées de Pascal. Nouvelle édition, corrigée et augmentée.
A Londres. M.DCC.LXXVI. In-8. [Condorcet.]

1778. 44° Eloge et Pensées de Pascal. Nouvelle édition, commentée, corrigée et augmentée par Mr de *** [Voltaire.]
A Paris, M.DCC.LXXVIII. In-8. 2 frontispices.

BIBLIOGRAPHIE DES ÉDITIONS DES PENSÉES 139

       45° Pensées de M. Pascal avec les notes de M. de Voltaire.
           A Genève, M.DCC.LXXVIII. In-12. 2 vol. [éd. Cazin.]
           Autres éditions : Paris 1782. In-18. 2 vol.
               Londres [Paris] 1785. In-8. 2 vol.

1779. 46° Œuvres de Blaise Pascal.
                    [Marque du libraire.]
         A la Haye [Paris], chez Detune [Nyon] libraire. MDCCLXXIX. In-8. 5 vol. — T. deuxième. Pensées [abbé Bossut.]

1780. 47° Pensées et Réflexions extraites de Pascal sur la Religion et la Morale.
         A Paris, de l'imprimerie de Monsieur, chez Royez libraire. Quai des Augustins, M.DCC.LXXX. Pet. in-12. 2 vol.
         Autre édition, 1785 [abbé G. M. Ducreux.]

1783. 48° Pensées de M. Pascal sur la religion et sur quelques autres sujets.
         Nouvelle édition, augmentée d'un grand nombre de Pensées, qui sont tirées du Recueil de ses œuvres; avec une nouvelle Table des matières beaucoup plus ample [par le P. André, de l'Oratoire.]
         A Paris, chez Nyon l'aîné, rue du Jardinet, Quartier Saint-André-des-Arts, MDCC.LXXXIII. In-8. Avec approbation et privilège du Roi (accordé à Desprez en 1776 pour 6 ans).

1787. 49° Pensées de M. Pascal sur la Religion et sur quelques autres sujets.
         Nouvelle édition, augmentée d'un grand nombre de Pensées qui sont tirées du recueil de ses œuvres; avec une nouvelle table des matières beaucoup plus ample.
         A Paris, chez Méguignon junior, libraire, rue de la Harpe, au coin de celle de Richelieu. Sorbonne. MDCCLXXXVII. In-12.
         [Pour les éditions des xix° et xx° siècles nous ne mentionnons que celles qui diffèrent des éditions antérieures pour la présentation des textes. Nous ne signalons que la première édition.]

1835. 50° Pensées de Blaise Pascal, rétablies suivant le plan de l'auteur. Publiées par l'auteur des Annales du Moyen Age. [J-M-F. Frantin, imprimeur.]
         Dijon, Victor Lagier, Libraire, Place S.-Etienne M.DCCC. XXXV. In-8.

1844. 51° Pensées, Fragments et Lettres de Blaise Pascal, publiés pour la première fois, conformément aux manuscrits originaux, en grande partie inédits, par M. Prosper Faugère.
         Paris. Andrieux. 1844. In-8, 2 vol.

1847. 52° Pensées de Blaise Pascal sur la Religion et sur quelques autres sujets conformes au manuscrit autographe conservé à la Bibliothèque du Roi.
Paris, chez Charpentier 1847. In-12.

53° Pensées de Blaise Pascal, sur la religion et sur quelques autres sujets, conformes au manuscrit autographe conservé à la Bibliothèque du Roi.
Paris, chez Lefèvre et Compagnie, rue de l'Eperon, 6, 1847. In-16.

1852. 54° Pensées de Pascal, publiées dans leur texte authentique avec un Commentaire suivi et une étude littéraire, par Ernest Havet, ancien élève de l'Ecole normale, maître de Conférences à cette Ecole, agrégé de la Faculté des Lettres de Paris.
Paris, Dezobry et Magdeleine, 1852, in-8.

1854. 55° Pensées de Pascal, Edition variorum d'après le texte du manuscrit autographe contenant les lettres et Opuscules, l'histoire des éditions des Pensées, la Vie de Pascal par sa sœur, des notes choisies et inédites, et un index complet par Charles Louandre.
Paris. Charpentier. 1854. In-16.

1857. 56° Pensées de Pascal disposées suivant un plan nouveau. Edition complète d'après les derniers travaux critiques avec des notes, un index et une préface par J. F. Astié.
Paris et Lausanne, Georges Bridel, éditeur, 1857. In-16. 2 vol.

1872. 57° Œuvres de Pascal. Pensées, Lettres et Opuscules divers.
Tours, Cattier, imprimerie Mame MDCCCLXXII. In-8.

1873. 58° Pensées de Pascal publiées d'après le texte authentique et le seul vrai plan de l'auteur avec des notes philosophiques et théologiques et une notice biographique de Victor Rocher, chanoine d'Orléans.
Tours, Alfred Mame et fils, éditeurs. MDCCCLXXIII. Gr. in-8.

59° Pensées. Opuscules et lettres de Blaise Pascal, publiés dans leur texte authentique.
Paris, Henri Plon, éditeur, 10, rue Garancière. Brière bibliophile. MDCCCLXXIII. In-16. 2 vol.

1877-1879. 60° Pascal. Les Pensées de Blaise Pascal. Texte revu sur le manuscrit autographe avec une Préface et des Notes par Auguste Molinier.
Paris, Alphonse Lemerre, MDCCCLXXVII-MDCCCLXXIX. In-8. 2 vol.

1881. 61° Pensées de Pascal accompagnées de ses principaux opuscules littéraires et philosophiques. Nouvelle édition conforme aux textes authentiques, précédée d'une étude sur les Pensées et augmentée de notes littéraires, philosophiques et théologiques par M. l'abbé Drioux.
Paris, Lecoffre, 1881. In-18 jésus.

1883. 62° Pensées de Pascal, publiées dans leur texte authentique et d'après le plan de l'auteur, avec une introduction et des notes, par J.-B. Jeannin.
Paris, Palmé, 1883, in-12.

1886. 63° Pensées de Pascal sur la religion et divers sujets d'après le plan de Pascal et des Apologistes. Edition comprenant la Vie de Pascal et les opuscules philosophiques exigés pour le baccalauréat, enrichie d'études préliminaires et de notes théologiques, historiques et littéraires par M. l'abbé Augustin Vialard.
Paris. Poussielgue frères. 1886. In-16.

1896. 64° Les Pensées de Pascal reproduites d'après le texte autographe, disposées selon le plan primitif et suivis des Opuscules. Edition philosophique et critique enrichie de notes et précédée d'un Essai sur l'apologétique de Pascal, par A. Guthlin, ancien vicaire général et chanoine d'Orléans.
Paris, P. Lethielleux, libraire-éditeur, 10, rue Cassette. S. d. In-8.

65° Pensées de Blaise Pascal dans leur texte authentique et selon l'ordre voulu par l'auteur, précédées de documents sur sa vie et suivies de ses principaux opuscules. Edition coordonnée et annotée par M. le Chanoine Jules Didiot, doyen de la faculté de théologie de Lille.
Société de Saint-Augustin, Desclée de Brouwer et Cie [Lille]. 1896. Gr. in-8.

66° Pascal (Blaise) — Les Pensées de Pascal disposées suivant l'ordre du cahier autographe. Texte critique établi d'après le manuscrit original et les deux copies de la Bibliothèque Nationale avec les variantes des principales éditions, précédé d'une introduction, d'un tableau chronologique et des notes bibliographiques, par G. Michaut.
Fribourg (Suisse) en vente à la librairie de l'Université, 1896. Gr. in-8 carré.

1897. 67° Pensées, publiées avec des notes par l'abbé Margival.
Paris, Poussielgue, 1897. In-12.

68° Pascal (Blaise). — Opuscules et Pensées publiées avec une introduction, des notices et des notes par Léon Brunschvicg, professeur de philosophie au lycée de Rouen.
Paris. Hachette et C¹ᵉ. 1897. In-16.

1904. 69° Pascal (Blaise) — Pensées de Blaise Pascal. Nouvelle édition collationnée sur le manuscrit autographe et publiée avec une introduction et des notes par Léon Brunschvicg, professeur de philosophie au lycée Henri-IV.
Paris, librairie Hachette et C¹ᵉ, 79 boulevard Saint-Germain 79, 1904, in-8. 3 vol.
De la collection : Les grands écrivains de la France.

1905. 70° Original des Pensées de Pascal. Fac-Similé du manuscrit 9202 (fonds français) de la Bibliothèque Nationale. Phototypie Berthaud frères. Texte imprimé en regard et notes par Léon Brunschvicg, Docteur ès lettres, Professeur agrégé au lycée Henri-IV.
Paris, Librairie Hachette et C¹ᵉ, 79 Boulevard Sᵗ-Germain, 1905. In-folio.

1907. 71° Pensées de Pascal sur la religion et sur quelques autres sujets. Edition de Port-Royal, corrigée et complétée d'après les manuscrits originaux avec une introduction et des notes par A. Gazier, professeur adjoint à la Faculté des Lettres de Paris.
Paris, Société française d'imprimerie et de librairie, ancienne maison Lecène, Oudin et C¹ᵉ, 15, rue de Cluny, 1907, in-12.

1925. 72° Pascal. Pensées sur la vérité de la religion chrétienne par Jacques Chevalier, Professeur à l'Université de Grenoble.
Librairie Lecoffre, J. Gabalda, éditeur, Paris, 1925. In-8. 2 vol.

1927. 73° Pascal mis au service de ceux qui cherchent. Essai de coordination des Pensées d'après la méthode d'observation. Par le R. P. Marie-André Dieux, de l'Oratoire.
Librairie Bloud et Gay, 3, rue Garancière, Paris. 1927.

1929. 74° Pensées de Pascal. Publiées avec une introduction par Henri Massis.
Paris, A la cité des Livres, 27, rue Saint-Sulpice. 1929.

1931. 75° Pascal. Edition définitive des œuvres complètes. Publiée par Fortunat Strowski, membre de l'Institut. Préfacée par Pierre de Nolhac de l'Académie Française. Vol. III. Les Pensées. Les Opuscules. La Correspondance.
Librairie Ollendorff. 50, Chaussée d'Antin. Paris [1931].

BIBLIOGRAPHIE DES ÉDITIONS DES PENSÉES

1935. 76° Les Pensées catholiques de Pascal publiées par Maurice Souriau, Professeur honoraire à l'Université de Caen.
Editions Spes. Paris. [1935].

1937. 77° Pascal. Les Pensées et Œuvres choisies. Introduction, notes et commentaires par J. Dedieu. Docteur ès Lettres. Professeur suppléant à l'Institut Catholique de Paris.
Paris. Librairie l'Ecole, 11, rue de Sèvres. 1937.

1938. 78° Blaise Pascal. Pensées. Edition critique établie, annotée et précédée d'une introduction par Zacharie Tourneur. — 2 vol.
Editions de Cluny, 35 et 37, rue de Seine, Paris. VI [1938].

1942. 79° Pensées de Blaise Pascal. Edition paléographique des manuscrits originaux conservés à la Bibliothèque Nationale [N° 9202 du fonds français] enrichie de nombreuses leçons inédites et présentée dans le classement primitif avec une introduction et des notes descriptives, par Zacharie Tourneur.
Librairie Philosophique J. Vrin. [Paris 1942].

1948. 80° Blaise Pascal. Pensées sur la Religion et sur quelques autres sujets. Avant-propos et notes de Louis Lafuma. Edition intégrale.
Delmas. [Paris. 1948].

1950. 81° Pascal's Pensées. Edition bilingue. Texte français avec traduction anglaise, notes brèves et introduction de H. F. Stewart. D. D. — Routledge et Kegan Paul, Ltd. Broadway House, 68-74 Carter Lane. London. EC. 4. — 1950.

1951. 82° Blaise Pascal. Pensées sur la Religion et sur quelques autres sujets. Introduction de Louis Lafuma. 3 vol. Textes. Notes. Documents. — Editions du Luxembourg. Paris. 1951.

P.-S. — Pour réaliser une bibliographie complète des éditions des *Pensées*, notamment pour celles du XVII° siècle, il faudrait faire des recherches dans toutes les bibliothèques, tant officielles que particulières. Il nous a été ainsi signalé l'existence dans une bibliothèque particulière de deux rééditions : celle de Lyon, chez Adam Demen (n° 8) en 1679 et celle de Lyon, chez Cl. Chize (n° 17) en 1694. Elles ont sans doute fait l'objet de nouvelles permissions.

★

TABLE DE CONCORDANCE

des fragments mentionnés dans le volume
entre la numérotation Lafuma (Delmas, 2ᵉ éd.)
et la numérotation MS. (Ed. du Luxembourg).

La.	MS.	La.	MS.	La.	MS.	La.	MS.
8	976	139	561	426	549	703	643
11	427	145	642	430	223	736	835
14	431	167	688	446	239	739	919
15	432	171	81	450	243	752	560
17	449	174	84	453	440	753	552
19	463	175	85	455	443	770	910
27	4	178	88	459	482	771	911
28	5	179	89	477	734	772	912
29	6	185	95	478	735	789	543
30	7	195	525	509	275	809	563
32	9	257	678	516	486	810	904
34	11	276	773	517	501	811	909
35	12	289	518	518	502	817	957
36	387	290	520	543	284	868	906
37	393	298	905	550	390	873	832
40	408	310	394	552	451	878	840
42	467	314	434	553	452	891	858
48	780	318	447	554	453	892	859
49	781	324	758	584	307	908	903
55	18	333	157	587	310	911	513
88	51	334	158	599	322	917	796
95	650	343	418	601	416	918	797
96	685	351	908	611	746	922	660
99	978	363	178	641	391	925	717
101	53	374	505	661	483	931	585
106	58	375	539	662	485	932	586
123	75	379	425	664	489	935	649
124	76	389	198	668	352	942	782
127	412	390	199	675	359	967	765
130	471	406	212	682	366	968	509
132	491	415	436	699	564	970	528
138	551	419	747	700	562	980	907

TABLE DES MATIÈRES

Avant-propos. Avertissement.

I. La rédaction des *Pensées* (1656-1662).
II. La mise au point de l'édition de Port-Royal (1663-1669).
III. Les éditions de Port-Royal (1670-1761).
IV. De Condorcet à Frantin (1776-1835).
V. De Victor Cousin à l'abbé J. Dedieu (1842-1937).
VI. Des éditions Tourneur aux éditions Lafuma (1938-1952).

Appendices.

		Pages
1°	La *Lettre sur les miracles*..........................	91
2°	La lettre de Gilberte Périer au docteur Vallant......	93
3°	Les textes signalés dans la *Copie* 9203 par les lettres B., M., R..	95
4°	La confection du *Recueil Original*.................	97
5°	La table des matières de l'édition des *Pensées* de l'abbé Ducreux (1785)............................	99
6°	Les éditions des *Pensées* de Renouard (1803-1812)....	101
7°	La table des matières de l'édition des *Pensées* préparée par Ch. Desguerrois, secrétaire, de Sainte-Beuve (1850-1852).........................	103

		Pages.
8°	Les titres des liasses des papiers classés sont-ils de Pascal?	105
9°	Post-scriptum au *Discours sur les passions de l'amour*	107
10°	Tables des matières de quelques éditions : Port-Royal. — Condorcet. — Bossut. — Faugère. — Astié. — Brunschvicg. — Chevalier. — Strowski. — Dedieu	113
11°	Pensées étrangères à l'*Apologie*, d'après les classements Stewart et Lafuma	125
12°	Hypothèses et déductions	127
	Bibliographie des éditions des *Pensées*	131
	Table de concordance Lafuma — M. S	145

ACHEVE D'IMPRIMER
LE 7 OCTOBRE 1969
PAR JOSEPH FLOCH
MAITRE - IMPRIMEUR
A MAYENNE
n°3485